KB242857

할아버지가 들려주는

6·25

전쟁 이야기

글 **장삼열** 감수 **김재창** 디자인 **샛별디자인**

개정증보판

도서출판
보담

들어가는 말

『할아버지가 들려주는 6·25전쟁 이야기』가 세상에 나온 지 어느덧 3년이 되었다. 그동안 이 책은 독자 여러분의 따뜻한 관심과 사랑 덕분에 6쇄, 20,000부가 발간되는 뜻깊은 여정을 이어왔다. 특히 한 초등학교 4학년 어린이가 이 책을 일곱 번이나 읽었다는 이야기를 들었을 때, 이 책이 단순한 기록을 넘어 다음 세대의 마음에 닿고 있음을 느껴 가슴이 뭉클했다.

1950년 6월 25일, 북한의 기습 남침으로 시작된 전쟁은 3년 1개월 동안 한반도를 처절한 전장으로 만들었다. 대한민국은 낙동강 전선까지 밀리며 존망의 위기 속에서도 자유를 지키겠다는 강한 의지와 국제사회의 지원으로 기적처럼 극복했다. 그 과정은 단순한 전쟁의 역사가 아니라, 자유를 지키기 위한 피와 땀, 그리고 눈물의 기록이었다.

정전(停戰) 이후 70여 년이 지난 지금, 전쟁을 직접 겪은 세대는 점차 우리 곁을 떠나고 있다. 시간이 흐르며 기억은 희미해지고 사실이 왜곡되기도 한다. 심지어 침략 전쟁을 일으킨 북한에 대해 '평화의 파괴행위(a breach of the peace)'라고 결의한 유엔안보리 결의안조차 부인하려 한다. 하지만 역사는 해석의 대상일 수는 있어도, 사실 자체가 바뀔 수 없다. 6·25전쟁은 명백한 침략에 맞서 자유를 지켜낸 승리의 역사이다.

"평화를 원한다면 전쟁에 대비하라!"는 말처럼, 우리는 과거를 바로 이해할 때 비로소 미래를 지킬 수 있다. 지구촌에서 벌어지는 최근의 국제분쟁은 우리에게 소중한 교훈을 주고 있다. 스스로 지킬 힘이 없거나 함께 싸워줄 동맹이 없다면, 평화는 결코 유지될 수 없다는 사실이다.

이 책은 6·25전쟁을 단순히 과거의 사건이 아닌, 오늘날 우리가 반드시 기억해야 할 '현재의 역사'임을 강조하고자 한다. 전쟁은 멈췄지만, 그 의미와 교훈은 여전히 진행 중이기 때문이다. 오늘 우리가 누리는 자유는 결코 거저 주어지지 않았으며, 수많은 이들의 희생과 헌신 위에 세워진 것임을 우리는 기억해야 한다.

이번 개정증보판에서는 일각에서 제기되었던 일부 오해와 논란의 소지가 있는 부분을 보완했다. 최신 연구 성과와 국사편찬위원회의 일부 검토 결과를 반영하여, 더 객관적이고 알찬 내용으로 다듬었다. 이를 통해 전후 세대가 정확한 역사 인식과 올바른 가치관을 확립하는 데 도움이 되기를 바란다.

필자는 군인이자 전쟁사 연구가로서 군 생활 중 두 차례의 해외파병을 통해 전쟁의 참혹함을 직접 경험했다. 그러나 이 책에서는 그 무거운 이야기를 아이들의 눈높이에 맞추어, 할아버지가 손주에게 옛이야기를 들려주듯 다정하게 풀어내려 노력했다. 당시 생생한 사진과 삽화를 보강하고, 포화 속에서도 전우애를 나누며 승리를 이끌어낸 감동적인 이야기를 엮었다. 이 책이 우리의 다음 세대에게 역사를 바로 이해하는 작은 등불이 되고, 자유 대한민국의 소중함을 다시 생각하는 계기가 되기를 진심으로 소망한다.

이 책의 출간을 위해 수고해 주신 도서출판 보담의 김샛별 대표님, 원고를 정성껏 다듬어 준 정현채, 한경진, 유승희, 최설록, 박새미 님께 감사드린다. 아름다운 삽화를 그려준 모두스 스튜디오, 원고를 감수해 주신 김재창 장군님, 귀한 자료를 제공해 주신 전쟁기념사업회장님, 군사편찬연구소장님, 육군군사연구소장님께도 깊은 감사의 마음을 전한다.

언제나 든든한 버팀목이 되어주는 사랑하는 아내 향호와 아들 기영, 딸 한나, 사위 지훈, 며느리 영주에게 고마움을 전하며, 사랑스러운 손주 수지, 서영, 서진, 수아에게 이 책을 전한다.

靑竹 장삼열

추천사

이종섭 / 제48대 국방부장관

민족 역사상 가장 처절했던 6·25전쟁!

70여 년 전 한반도를 적화 통일하려던 김일성 공산집단의 불법 남침으로 3년 1개월 3일간의 전쟁을 겪으면서 수많은 인명피해와 1천만 명의 이산가족이 발생했습니다. 우리 국군은 3일 만에 서울을 북한 인민군에게 **빼앗기고** 한 달 만에 낙동강까지 밀렸으나, 미국을 중심으로 한 유엔군이 파병되어 대한민국을 위기에서 구했습니다. 1953년 7월 27일 정전협정이 체결된 지 벌써 70년이 지났습니다. 우리나라는 그동안 한반도 평화와 안정을 위해 노력해왔지만, 북한은 '대화와 평화'로 위장한 채 끊임없는 도발과 함께 핵무기까지 개발하고 있습니다. 6·25전쟁을 비롯하여 우리의 역사를 올바로 인식해야만 또 다른 전쟁의 비극을 막을 수 있습니다. 정전 70주년에 맞추어 발간된 「할아버지가 들려주는 6·25전쟁 이야기」는 우리 아이들에게 6·25전쟁의 실상을 잘 알려줄 수 있는 소중한 내용을 담고 있습니다. 아울러 복잡한 전투를 다양한 사진 자료와 삽화를 사용해 스토리텔링 방식으로 설명함으로써 청소년들과 국군장병들이 쉽게 이해할 수 있을 것입니다. 70여 년 전 대한민국을 지키기 위해 희생한 참전용사들의 감동의 구국(救國) 스토리는 자유와 평화의 소중함을 일깨워줍니다. 생생한 전투 장면을 읽다 보면 감동과 재미를 넘어 가슴이 뭉클해지기도 합니다. 6·25전쟁 이야기가 소말리아 내전과 이라크 전쟁을 경험했던 저자를 통해 '잊혀진 전쟁'이 아닌 아직도 '진행 중인 전쟁'(停戰)임을 증명하고 있습니다. 'Freedom is not free!' 국가의 희망인 다음 세대가 이 책을 읽으면서 참전용사들의 희생과 헌신을 기리고 올바른 역사관을 인식할 수 있기를 기대합니다.

정경희 / 제21대 국회의원, 교육위원회

1950년 6월 25일 모두가 깊이 잠든 일요일 새벽 4시, 북한은 기습적으로 남침해 전쟁을 일으켰습니다. 6·25전쟁은 잘 알려진 대로, 북한의 김일성이 옛 소련의 스탈린, 중국의 마오쩌둥과 모의하여 일으킨 전쟁입니다. 한반도를 적화통일하려는 김일성의 야욕이 소련과 중공을 끌어들여 평화로운 한반도를 전쟁터로 만든 것입니다. 북한의 기습공격으로 인해, 세워진 지 채 2년도 안 된 대한민국은 3일 만에 수도 서울을 빼앗기고, 한 달 만에 낙동강 선까지 밀리는 풍전등화(風前燈火)의 위기에 처했습니다. 다행히 유엔군의 도움을 받아 자유를 지킬 수 있었고, 이후 '한미상호방위조약'을 통해 오늘날까지 북한의 위협에 대응하고 있습니다. 6·25전쟁은 흔히 '잊혀진 전쟁'이라고 불립니다. 하지만 6·25전쟁의 피해는 잊기에는 너무도 엄청납니다. 인명피해만 보더라도 군인과 민간인을 합쳐

사망자가 149만 명을 넘고, 부상자가 100만 명을 넘습니다. 실종자 및 포로의 숫자도 사망자 숫자에 버금갑니다. 북한군이 납치해서 끌고 간 민간인 납북자, 아직 송환되지 않은 국군포로, 전쟁 중 발생한 이산가족 등의 문제는 아직도 해결되지 않은 채 남아 있습니다. 6·25전쟁이 아직은 '잊지 말아야 할 전쟁'이고, '평화를 원하거든 전쟁에 대비하라'는 교훈이 중요한 까닭이 여기에 있습니다. 그러나 언제부터인가 6·25전쟁은 청소년들이 배우는 교과서에서 왜곡 또는 축소된 채 교육되고 있습니다. 심지어 거짓된 내용으로 6·25전쟁의 발단과 교훈을 교묘하게 조작하기도 합니다. 대한민국의 자유를 수호하기 위해 피 흘린 호국영령들을 깎아내리고, 심지어 북한과 중공의 편에 서서 우리를 공격했던 사람들을 추종하고 기념하는 어처구니없는 일이 벌어지기도 합니다. 이제부터라도 1,129일 동안 자유를 지키기 위해 흘린 피와 눈물의 역사, 위대한 '호국(護國)의 기적'을 바로 알아야 할 것입니다. 그런 차원에서 정전 70주년에 발간된 「할아버지가 들려주는 6·25전쟁 이야기」는 우리에게 새로운 희망을 줍니다.

저자인 장삼열 박사는 육군사관학교를 졸업한 후 30여년을 군 복무하며 야전 지휘관을 비롯해 전쟁사 교관, 국방정책 실무자, 군사편찬연구소, 다수의 해외 참전임무를 수행하셨던 분입니다. 전역 후에도 한미안보연구회 사무총장으로 대한민국의 안보를 위해 노력하고 있습니다. 이 책은 저자의 지식과 경험을 바탕으로 6·25전쟁의 전반적인 흐름과 복잡한 전투를 친절하고 생생하게 알려줍니다. 다양한 사진 자료와 삽화를 사용한 스토리텔링으로 책을 읽는 청소년들에게 재미와 감동을 선사합니다. 70여 년 전 참전용사들의 희생적인 감동스토리를 읽다 보면 애국심과 존경심을 느낄 수 있고, 자유는 거저 주어지는 것이 아니라는 것을 깨우치게 되리라 확신합니다. '과거를 잊은 민족에게 미래는 없다'고 했습니다. 「할아버지가 들려주는 6·25전쟁 이야기」를 읽다 보면, 멀게만 느껴지던 '잊혀진 6·25전쟁'이 '자유를 지켜낸 위대한 전쟁'으로 우리에게 다가올 것입니다. 대한민국의 미래세대뿐 아니라 온 국민이 함께 읽을 수 있는 책이라 생각하며 기쁜 마음으로 추천합니다.

허남성 / 국방대학교 명예교수

폴란드 땅인 아우슈비츠(Auschwitz)에는 나치 독일이 세운 악명 높은 유대인 강제수용소가 있습니다. 제2차 세계대전 때 나치가 학살한 600만 명의 유대인 가운데 약 110만 명이 이곳에서 살육되었습니다. 지금은 박물관이 된 이 수용소 입구에 산타야나(George Santayana)의 명언이 걸려 있습니다. "과거를 기억하지 못하는 사람들은 그 과거를 되풀이 겪게 마련이다(Those who cannot remember the past are condemned to repeat it)" 그렇습니다. 우리가 역사로부터 얻고자 하는 교훈이 있다면, 그것은 과거에 우리가 겪었던 뼈아픈 참화를 잊지 않음으로써 다시 되풀이 되지 않도록 대비를 해야 한다는 것입니다. 올해는 우리 민족사의 최대 참극인 6·25전쟁의 정전 제70주년이 되는 해입니다. 6·25전쟁은 유엔이 인정한 한반도 유일의 합법 정부인 대한민국을 뒤엎으려고 불법적 기습공격을 가해온 북한의 반란전이었으며, 이를 응징하고 물리치기 위하여 유엔이 다국적 유엔군을 편성하여 벌인 국제전(a little world war)이기도 합니다. 당시 유엔의 73개 가입국 가운데 64개국이 대한민국을 지원했고, 오직 공산권 9개국만이 북한을 지원한 사실이야말로 이 전쟁의 정의가 어느 편에 있었는지를 잘 드러내고 있습니다. 그러나 1,129일(3년 1개월 3일) 동안 치러졌던 이 전쟁이 남긴 상흔은 실로 참혹했습니다. 남북한 통틀어 사상자가 400만 명에 달했고, 전 국토는 그야말로 잿더미가 되었습니다. 그런데도 오늘날 6·25전쟁은 문자 그대로 '잊혀진 전쟁'이 된 실정입니다. 안타깝기 그지없습니다. 다행히 장삼열 박사가 이번에 발간한 이 책은 청소년과 국군장병, 나아가서 온 국민이 손쉽게 이 전쟁의 참모습을 이해할 수 있도록 꾸며져 있습니다. 책 제목을 「할아버지가 들려주는 6·25전쟁 이야기」라고 정한 것이 참으로 함축적입니다. 부디 이 책이 국민 필독서가 되어, 산타야나가 남긴 경고의 명언을 우리가 모두 되새김으로써, 다시는 6·25전쟁의 참화를 겪지 않겠다는 각오를 되새기는 계기가 되기를 바랍니다.

김재창 / 예) 대장, 전 한미연합사 부사령관

6·25전쟁은 수많은 전쟁 중에서도 가장 격렬했던 싸움이었습니다. 제2차 세계대전에서 승리한 동서양 최고의 명장들이 다 모여서, 그 당시 첨단 무기체계를 다 동원하여 싸웠기 때문이지요. 우리는 그 참혹했던 전쟁을 딛고 일어선 세대입니다. 「할아버지가 들려주는 6·25전쟁 이야기」는 이 역경을 싸워서 이겨낸 모든 할아버지의 이야기입니다. 특별히 이 책을 쓴 저자, 장삼열 박사는 소말리아 PKO와 이라크전에 참전하면서 얻은 경험을 바탕으로 우리가 겪은 전쟁을 누구보다도 더 폭넓게, 그리고 깊이 있게 들여다볼 수 있는 혜안을 지닌 분입니다. 이 책을 감수하면서, 특별히 지금 총을 메고 이 땅을 지키고 있는 국군장병과 다음 세대 이 나라를 짊어지고 나갈 청소년들에게 꼭 한 번씩 읽어 보라고 권하고 싶습니다.

김은구 / 트루스포럼 대표

6·25전쟁은 공산주의라는 거짓과의 싸움이었습니다. 거짓을 이겨낸 위대한 승리와 기적들이 '이 책' 안에 담겨 있습니다. 그 기적의 역사를 인자한 할아버지가 들려드립니다.

현광언 / 예) 육군소장

「할아버지가 들려주는 6·25전쟁 이야기」는 전쟁의 교훈과 미래가 담긴 이야기이다. 베트남전쟁에 참전했던 본인은 6·25전쟁이 다음 세대에게 잊혀 가고 있음에 아쉬움이 컸다. 그런데 이 책을 보고 희망을 보았다. 청소년들이 어려운 전쟁을 쉽게 이해할 수 있도록 사진, 삽화 등을 포함하고 MZ세대가 사용하는 쉬운 말로 풀어썼다. 이 책을 읽다 보면 왜곡되고 잘못 알고 있던 전쟁을 쉽게 이해할 뿐 아니라 생생한 교훈을 얻을 수 있을 것이다.

김병관 / 예) 대장, 한미안보연구회 회장

전쟁을 경험하지 못한 다음 세대가 쉽게 읽을 수 있는 6·25전쟁 책이 있으면 좋겠다고 생각하던 차에 원하는 책이 나왔다. 전쟁사 사료를 근거로 핵심 내용과 감동적인 이야기를 사진과 삽화까지 곁들여 알기 쉽게 잘 편집되었다. 잊혀 가는 6·25전쟁이 '자유를 지켜낸 승리한 전쟁'으로 기억하고 교훈을 얻기 위해 청소년과 국군장병들이 꼭 읽기를 권장한다. 아울러 미래국방태세 유지와 확충을 위한 국민적 공감대 형성에도 도움이 되길 기원한다.

백승주 박사 / 전쟁기념사업회 회장

6·25전쟁의 핵심 내용을 균형 있게 알면 미래 한반도 운명을 잘 다룰 수 있다. 이 책은 한국전쟁의 유시유종(有始有終)을 감성과 이성으로 균형 있게 볼 수 있는 지성의 근육을 강화할 책이다. 읽다 보면 우리가 몰랐던 전쟁 이야기에 푹 빠져들 것이다.

김정규 회장 / 대한민국무공수훈자회

어렸을 적에 할아버지 무릎에 앉아 '호랑이와 곶감' 이야기를 들으면서 달콤한 잠에 빠졌던 기억들이 새록새록 떠오릅니다. 특히 추운 날 화롯가에 둘러앉아 군고구마를 먹던 추억은 지금도 미소 짓게 합니다. 「할아버지가 들려주는 6·25전쟁 이야기」를 읽으면서 자라나는 손주들에게 왜 이런 무거운 이야기를 들려줄까 생각을 했습니다. 이 책은 할아버지 동화처럼 달콤한 이야기는 아니지만, 우리의 안보현실을 직시할 때 반드시 알아야 하는 이야기입니다. 손주와 같은 젊은이들이 이 책을 통해 6·25전쟁의 실상을 정확하게 이해하고 한반도에서의 평화와 안정을 염원하는 저자의 의도가 이루어지길 기대합니다.

정승조 / 예) 대장, 전 합참의장

6·25전쟁에 대한 탁월한 요약은 물론 이해하기 쉽도록 당시 사진과 삽화들로 구성되어 있다. 기억 너머로 사라져 가는 6·25전쟁 이야기를 생생하게 묘사하고 있다. 본인과 함께 '이라크 안정화작전'에 함께 참전했던 저자는 실전 경험을 살려 어려운 전쟁 이야기를 학생들이 쉽게 이해할 수 있도록 풀어냈다. 내 손주에게도 꼭 읽어보라고 권하고 싶은 책이다.

정일화 / 언론인, 전 한국일보 워싱턴특파원

6·25전쟁은 북한 인민군이 대한민국을 침략하여 부산-대구방어선까지 밀고 내려오고 이어 국군과 유엔군이 압록강까지 진격했다가 중공군의 불법개입으로 다시 서울을 뺏기고 다시 오늘날의 휴전선까지 밀고 올라갔다. 그 과정에서 군인은 물론 무고한 민간인들의 엄청난 희생이 있었다. 한국전쟁은 미국 남북전쟁과는 달리 거대한 국제전이었다. 유엔군 소속의 미국, 영국, 캐나다, 호주, 프랑스,

태국 등 16개 파병 국에서도 수만 명의 사상자를 냈다. 미국은 남북전쟁이 끝난 지 150여 년이 지난 지금에도 매년 2권의 책이 나온다. 자료를 보완하거나 다시 찾아보는 교훈을 엮은 것으로 늘 높은 독자층을 갖는다. 새로운 역사 인식을 불러일으킨다. 육사를 졸업하고 일선 연대장, 소말리아 파견군 등으로 국방 일선에서 젊음을 불태운 장삼열 박사가 한국전쟁 얘기를 청소년을 향해 뼈있는 교훈을 중심으로 책을 썼다. 우리 민족이 반드시 기억하고 교훈으로 새겨야 할 값진 역사요 보물 같은 책이 아닐 수 없다.

임호영 / 예) 대장, 한미동맹재단 회장
정말 흥미진진하게 이 책을 읽었다. 전쟁과 전투 이야기 자체가 무섭고 겁나는 이야기인데... 소말리아 PKO(평화유지활동)와 이라크 안정화 작전 경험을 토대로 독자들이 쉽게 읽을 수 있도록 잘 정리했다. 그동안 알려지지 않았던 전쟁에서의 인간적인 이야기도 많이 소개하고 있어 흥미를 더한다. 국군 장병들에게도 읽어 볼 것을 권하고 싶다.

김영두 / 교수, 안케패스대혈전 저자
6·25전쟁 정전협정 70주년의 뜻깊은 해에 장삼열 박사가 예리한 감각과 시선, 해박한 지식과 실전 경험을 바탕으로 1,129일간의 전쟁과정을 소상하게 작전 중심으로 책을 창작했습니다. 이 책은 30년간 분단된 조국의 전후방은 물론 소말리아 내전과 이라크 다국적군사령부 한국군 협조단장으로 참전해 이론과 현장중심의 국제 감각을 가지고 집필한 걸작입니다. 대한민국은 6·25 참상을 딛고 성공한 유일한 경제 강국으로 조국을 수호할 젊은이들과 초·중·고·대학생들에게 필독서로 추천합니다.

이문범 / 사랑누리교회 담임 목사, 총신대학원 겸임교수
기독교를 박해했던 북한 정권이 이 나라를 점령했다면 얼마나 끔찍한 결과가 있었을지 현대사가 증명합니다. 역사가 토인비는 역사를 '도전과 응전'이라 보았습니다. 6·25는 우리 역사상 가장 큰 도전이었고, 그 응전에 63개 동맹국과 함께 크게 승리한 역사를 쉽고 명료하게 기록해 주셔서 감사드립니다. 저자 장삼열 장로는 3대가 함께 모여 예배드리며 삶에 모범이 되는 존경받는 할아버지입니다. 그의 간절함이 묻어나는 이 책을 모든 세대에 추천합니다.

채우석 / 예) 장군, 한국방위산업학회 회장
6·25전쟁은 대한민국의 자유를 지키기 위해 지구촌의 63개국이 '하나의 깃발 아래(Under One Flag)' 함께 싸운 잊을 수 없는 역사다. 들어 본 적도 없는 나라를 위해 이들은 고귀한 희생을 아끼지 않았다. 70여 년이 지났지만, 우리는 이를 기억하고 생생한 교훈을 얻어야 한다. 복잡한 전쟁과 전투

를 아주 읽기 쉽게 잘 풀어썼다. 주변에 특히 젊은이들에게 이 책을 적극 권하고 싶다.

김재동 / 하늘교회 담임 목사, 대한역사문화원장
정전협정 70주년이 되는 2023년 한 해가 저물어가는 끝 무렵에 매우 기념비적인 책이 출간됨을 기쁘게 생각한다. 현재 자라나는 세대들이 읽을 만한 6·25전쟁 관련 책이 거의 전무한 이 시대에 '할아버지가 들려주는 6·25전쟁 이야기'는 대한민국 미래의 주역이 될 손주들에게 알기 쉬우면서도 매우 감동 있게 설명해주는 정말 귀한 책이 아닐 수 없다. 자녀들의 눈높이에 맞춘 보물과도 같은 본서의 출간을 축하드리며 자녀세대들뿐만 아니라 국민이 모두 필독하는 국민 도서가 되기를 기대한다.

목윤희 / 성남대신교회 사모
제목도, 내용도, 서술하는 방식까지도 오랫동안 기다리고 기대했던 바로 그런 책입니다. "할아버지, 옛날 이야기해주세요" 전쟁을 알지 못하는 세대에게 전쟁을 잘 아는, 거기다 그 전쟁을 올바르게 해석하고 있는 할아버지의 옛날 이야기는 그 어떤 이야기보다 흥미진진해서 눈을 비비면서라도 밤새 듣고 싶을 테지요. 반드시 알아야 할 6·25전쟁의 역사! 전쟁을 치룬 수많은 영웅! 그 안에서 찾아야 할 감사와 사명이 자상하고 따뜻한 할아버지의 인자한 목소리로 우리 자녀들에게 전해질 것입니다.

구자룡 / 동아일보 논설위원 겸 군사전문기자
우크라이나에 이어 중동에서도 이스라엘과 하마스간 전쟁이 진행되고 있다. 한반도에서 북한이 핵과 미사일 위협을 높이고 있어 안보 불안이 커지고 있다. 6·25전쟁이 멈춘 지 70년밖에 지나지 않았음에도 많은 사람이 잊고 있다. 「할아버지가 들려주는 6·25전쟁 이야기」는 삽화와 함께 읽기 시작하면 어느덧 어떻게 끝났는지까지 지루하지 않게 따라갈 수 있다. 무엇보다 6·25전쟁이 오래전 이야기가 아니라 오늘 우리가 왜 꼭 알아야 하는지 알려준다.

유용원 / 조선일보 대기자, 논설위원
6·25전쟁은 유엔이 현재까지 처음이자 마지막으로 대규모로 참전해 지원했던 전쟁이자, 자유 민주주의 진영이 공산주의 진영의 침략에 맞서 승리했던 전쟁이었다. 하지만 어린이와 젊은 세대엔 점점 완전히 잊혀가는 전쟁이 되고 있다. 자라나는 세대에 6·25전쟁의 교훈을 일깨워주는 책이 더욱 절실한 때에 이 책은 '가뭄 속의 단비'와 같은 존재다. 일반 독자, 특히 젊은 세대의 일독을 추천한다.

박진하 / 홈스쿨지원센터 소장, 도서출판 홈앤에듀 대표
놀라운 하나님의 은혜의 역사가 흐르는 자유대한민국은 유일무이하게 원조를 받던 최빈국에서 원조를 해주는 선진국이 되었다. 이름 모를 가난한 나라의 자유를 지키기 위해 수많은 이들이 피를 흘렸고 바로 그 희생 위에 지금의 대한민국이 존재하지만, 안타깝게도 우리는 그 희생을 잊고 있다. 이러한 때 지나간 역사를 다음 세대에게 들려줄 수 있는 책이 출간되었다. 할아버지의 마음으로 나라 사랑하는 온기가 전해질 책으로, 부모와 자녀세대 모두에게 필독서로 추천하는 바이다.

황진하 / 예) 중장, 전 UN키프로스 사령관, 전 국회의원

6 · 25전쟁! 본인이 갓난아이 때 겪은 지옥 같은 전쟁의 참상은 지금까지 생생하다. 기억 너머로 잊혀 가고 있는데 때마침 기대하던 책이 나왔다. 소말리아 PKO와 이라크 전쟁을 경험한 저자는 「할아버지가 들려주는 6 · 25전쟁 이야기」에서 전쟁을 경험하지 못한 다음 세대가 꼭 알아야 할 핵심 내용을 생생하게 정리했다. 생사를 넘는 전장에서의 감동스토리는 읽는 청소년들에게 감동과 재미를 줄 것이다.

신상태 / 대한민국재향군인회 회장

"전쟁을 잊고 있으면 전쟁의 유령이 다시 찾아온다" 역사가 이 시대의 우리에게 주는 준엄한 경고다.
6 · 25전쟁의 주역들은 이미 90세가 넘었고, 그 뒤를 이어야 할 후세들은 6 · 25전쟁을 모른다.
또 다시 앉아서 6 · 25전쟁을 당할 것인가? 지피지기(知彼知己)의 지혜로 6 · 25를 막을 것인가? 「할아버지가 들려주는 6 · 25전쟁 이야기」가 명쾌한 해답을 제시해 준다.

강병현 / 역사 교사

학교 현장에서 6 · 25전쟁에 대한 계기교육이 사라진 지 오래되었습니다. 그 결과, 요즘 중 · 고등학생들 중 절반에 가까운 숫자가 6 · 25전쟁이 일어난 시기나 6 · 25전쟁은 북한의 기습 남침이라는 기본적인 사실조차 헷갈려 합니다. 또한 역사 교과서에서는 독립 운동가들의 업적과 활약들은 비교적 자세히 다루고 있지만, 6 · 25전쟁 당시 대한민국을 위해 헌신하신 분들에 대한 기록은 거의 찾아볼 수 없습니다. 그렇기 때문에 물질적인 풍요와 안전 속에서 자라온 지금의 젊은 세대들은 할아버지 · 할머니 세대의 피나는 노력과 헌신이 있어 대한민국이 발전할 수 있었다는 사실을 잘 알지 못합니다.
그리고 전쟁의 아픔이나 상처 없이 자유롭게 살아왔기에 그 자유를 당연하게 여기고 있는지도 모릅니다. 「할아버지가 들려주는 6 · 25전쟁 이야기」는 청소년들에게 6 · 25전쟁의 정확한 배경과 전개 과정, 당시 대한민국을 도와준 나라들과 대한민국을 위해 헌신한 인물들에 대한 내용을 핵심적으로 잘 알려주는 책입니다. 이 책을 통해 대한민국을 지키기 위해 헌신한 나라와 인물들께 감사하고, 대한민국에 대한 긍지와 자부심을 가지며, 우리에게 주어진 자유의 진정한 가치를 알게 될 것을 기대하고 소망합니다.

이수정 / 두 아이 엄마

이 책을 통해 대한민국이 자유와 평화를 유지하며 살아갈 수 있다는 것이 기적과도 같은 일이라는 걸 알았다. 누군가의 헌신과 희생이 아니었다면 지금의 대한민국은 존재하지 않았을 것이다. 앞으로 같은 일이 반복되지 않도록 우리 아이들에게 올바른 역사관을 갖게 해 주고 6·25전쟁에서 있었던 일들을 쉽게 알 수 있어서 좋았다. 이 책을 통해 6·25전쟁이 누구에 의해, 왜 일어났는지 그리고 얼마나 많은 희생이 있었는 지가 다음 세대에 꼭 알려졌으면 좋겠다.

이진세 / 고교교사

1950년 6월 25일 새벽 4시, 북의 남침으로 시작된 한국전쟁을 기점으로 시작된 북한의 지속적인 도발이 저의 삶에 직접적인 영향을 끼치기까지는 그리 오랜 시간이 걸리지 않았습니다. 2010년 11월 23일 오후 2시, 제가 군에 입대했던 바로 그 날, 북한이 연평도를 포격하여 군인 2명 전사, 민간인 2명 사망을 비롯해 민가 피해와 수십의 사상자를 낸 무력도발은 전쟁이 잠시 중단되었다는 정전(ceasefire) 개념이 처음 저의 피부에 와닿게 한 충격적인 사건이었습니다. 저는 당장 전쟁이 날 것만 같은 공포와 사상자들에 대한 슬픔으로 인해 밤잠을 못 이룬 그 순간을 기억합니다.
History repeats itself. 역사는 반복됩니다. 한국전쟁 정전 70주년을 맞는 2023년, 이 책을 통해 한국전쟁이 우리에게 가져다 준 비극과 참상의 현장을 다시 한 번 간접적으로 느끼며, 할아버지만의 전쟁이 아닌 나의 전쟁, 우리의 전쟁이 되어 더 이상의 동족상잔을 직접적으로 겪는 일이 없기를 바라봅니다.

고지수 / 대학원생

자유를 빼앗겨 본 적이 없는 사람들이 자유를 당연하다고 말한다.
6·25전쟁은 우리가 민주주의 국가의 국민으로서 살아갈 수 있느냐 없느냐의 존망의 기로였다. 그들은 오로지 나라를 위해 싸웠고 희생됐으며 그분들의 희생 위에 세워진 평화를 우리가 누리고 있다. 이 사실을 다시금 깨우치며 감사를, 또 아직도 전쟁 중에 있음을 우리가 잊지 않기를! 이 책은 오늘날 우리가 반드시 알아야 하는 값진 희생들이 담겨져 있기에 모두에게 추천한다.

이서현 / 초등학생

평소에도 휴전 상태인 우리나라에 관심이 많았는데 이 책을 통해 6·25전쟁에 대해 더 자세하고 쉽게 알 수 있어서 좋았다. 이런 전쟁이 다시는 일어나지 않길 바라며 내 친구들에게도 이 책을 추천해 주고 싶다.

ar******* / 교보문고 ★★★★★

요즘 학교에서나 사회에서나 제대로 가르치지 않아 잊혀 가는 6 · 25 전쟁을 정말 잘 정리했네요. 참혹한 전쟁을 치르면서도 그 안에 담겨 있는 사람 이야깃거리는 감동 자체입니다. '영웅 군마 하사 레클리스' 이야기는 또 다른 재미를 선사하네요. 70여 년 전 대한민국을 지키기 위해 숭고한 헌신을 하신 선배 할아버지들께 머리 숙여 감사드립니다. 전쟁사 입문자와 학생들에게 강력 추천합니다.

ym****** / 교보문고 ★★★★★

"할아버지가 들려주는 6 · 25 전쟁 이야기"를 존경하는 장로님께서 쓰신 책이라 살짝 의무감으로 읽기 시작했다가 손을 못 떼고 이틀 만에 다 읽어버렸다. 60개국 이상의 연합군 중에 미군이 180만 명 정도 참전해서 13만 명 이상의 사상자가 났다는데, 그렇게 많은 미군이 참전해서 전사했는지 처음 알았다. 마지막에 눈시울을 적신 부분이 있어 나누고 싶다. 당시 미 8군 사령관 밴 플리트 장군의 아들로 B-26 조종사로 참전한 지미 중위가 어머니께 쓴 편지 중에 "어머니 저를 위해 기도하지 마십시오!" 또 한 번 나를 울린 부분은 어느 전사한 학도병의 품에서 발견된 어머니께 부치지 못한 편지이다. "어머니, 전쟁은 왜 해야 하나요? 어머니, 어쩌면 오늘 죽을지 모릅니다. ..." "Freedom is not free!! 나 자신이 부끄러워진다...

sa******* / 교보문고 ★★★★★

잊혀가는 6 · 25 전쟁 이야기를 정말 할아버지가 손주에게 이야기하듯이 잘 썼어요. 청소년들이 이해하기 쉬운 말로 어려운 전투를 잘 풀어냈고요. 전쟁이 왜 일어났고 누가 일으켰으며 어떻게 싸워 이겼는지 ... 전투 현장에서 있었던 감동적 이야기가 머리에 맴돕니다. 포항의 학도의용군의 희생, 지미 중위의 편지 등등 1,129일간의 피와 땀과 눈물이 잘 표현되어 있네요.

ss*************** / 교보문고 ★★★★★

잊혀가는 6 · 25 전쟁 이야기. 역사를 바로 알아야 똑같은 비극을 겪지 않습니다. 소련과 중국 공산당의 개입과 무기 지원으로 1950년 6월 25일 새벽, 무장한 북한 공산군의 남침으로 인해 발발한 전쟁입니다. 6 · 25 전쟁 당시 전투부대 파병 16개국, 의료지원 6개국, 물자지원 38개국, 전후 복구지원 7개국 모두 67개국이 대한민국의 자유 수호를 위해 아낌없이 도와주었습니다. 북한 공산군과 중국 공산군에 맞서 피 흘리며 싸운 국군과 UN군의 헌신과 희생에 감사를 드립니다.

j*******1 / 교보문고 ★★★★★

6 · 25를 남침인지 북침인지도 제대로 알려주지 않는 현시대의 공교육에 거스르는 진실을 담은 훌륭한 책입니다. 아이가 궁금해서 자기 전에 읽어주려고 구매했는데 (내용이) 아주 좋습니다.

권*주 / 알라딘 ★★★★★

믿고 읽힐 수 있는 아이들 역사책, 6·25 전쟁에 관한 바른 관점과 자유의 소중함, 또 우리나라를 사랑하는 마음을 아이들에게 전해줄 수 있는 정말 바르고 좋은 책입니다. 마지막 챕터, 6·25 전쟁에 참전한 여러 전쟁 영웅이 소개되는 부분이 참 감동적이었어요. 워커 장군을 비롯하여 밴 플리트 장군, 맥아더 사령관, 헤스 대령, 위트컴 장군, 백선엽 장군, 김영옥 대령 등의 전쟁 영웅들이 소개되고 있는데요. 다른 책에서는 쉽게 볼 수 없는 주옥같은 내용이기도 하고, 이 부분을 보면서 자유는 공짜로 얻어지는 것이 아니며, 항상 자유, 나라를 사랑하고 감사하는 마음을 가져야 함을 다시 되새길 수 있었어요. 마음 놓고 아이들에게 읽힐 수 있는 좋은 역사책이 나와서 아주 반갑고 감사합니다~ 다들 꼭 읽어보시길 추천해 드려요!!

bonc** / 알라딘 ★★★★★**

보담 출판사에서 새로 나온 책 〈할아버지가 들려주는 6·25 전쟁 이야기〉 너무너무너무 기대하는 마음으로 읽어보았습니다. 책이 오자마자 역시나 15살 첫째 딸이 바로 덥석 잡아들고는 한 번에 쭉 읽어 내려가네요. 3년 1개월 총 1,129일간의 전쟁 기간 숭고한 희생의 이야기, 나라 사랑 이야기, 이름도 얼굴도 모르는 동방의 가난하고 불쌍한 사람들을 위해 목숨을 아끼지 않은 분들의 이야기, 학도병들의 이야기, 심지어 지게 부대 이야기까지…

6·25 전쟁이라는 참혹한 전쟁 속에 숨겨진 너무나도 고귀한 나라 사랑과 희생의 정신들. 감추어진 보화를 캐내듯 조심스럽게, 죄송하고도 감사한 마음으로 그렇게 읽어나갔습니다. 꼭 우리 자녀 세대들에게, 우리 청년 세대들에게, 그리고 우리 부모 세대들에게 꼭 읽으라고 권하고 싶은 책입니다. '국민 필독서'예요~

i******r / YES마니아 ★★★★★**

미래가 없는 아이들이 되지 않도록 저자는 풍부한 삽화와 사진, 역사적 자료를 근거로 6·25 전쟁에 대해 설명하고 있다. 초등학교 5학년부터 학교에서 역사를 가르치기 시작하니 같이 보면 현대사를 공부하는 것과 더불어 큰 도움이 될 것이다. 당시 우리나라에 파병을 보낸 다른 나라의 도움도 되새겨 보고 지금의 평화가 이루어지기까지 역사의 무수히 많은 사람의 희생을 되새겨 보게 되었다.

대~한민국! 이 구호를 되새기기까지 우리의 조국을 더 많이 배우고 지키는 노력을 게을리하지 말자.

s**e / YES마니아 ★★★★★**

할아버지가 들려준다는 제목에 어린 시절이 생각나며 정감이 갔습니다. 실제 할아버지로부터 6·25 전쟁에 대해 들었던 기억이 어렴풋이 있기에 어떤 식으로 구성되어 있을까 궁금했습니다. 그림과 사진이 넉넉히 있고 글체도 아이들이 쉽게 접근할 수 있었습니다.

목 차

등장 인물

한 솔

초등학교 6학년.
책을 좋아하며
마음이 여리지만
옳고 그름을 정확하게
알고자 한다.

할아버지

한솔과 한결의 할아버
지로 군인 출신이다.
6·25전쟁에 관한
정확한 역사를
알려주고자 한다.

한 결

초등학교 4학년.
활발하고 씩씩하며
궁금한 것은
꼭 알고 넘어가는
성격이다.

안냥!
나는 고양이 세상
최고 대학인 야옹대학
역사학과를 졸업한
초 엘리트 고양이로

인간 세상 아이들이
역사를 더 잘 알 수 있도록
도와주라는 특명을 받고
한솔이 한결이네
집으로 왔다냥

내가 인간의 말을
할 수 있는 건 비밀이다옹!
우리끼리의 비밀로
인간 세상에서 활동할
내 이름을 지어달라냥!

한솔, 한결과
함께 하는 고양이로
가족들에게는
비밀이지만 사람의
말을 할 수 있다.

고양이의
이름을 지어
주세요!

이 책을 더 재미있게 읽는 방법 🐾

어려운 단어는
척척박사인 내가
알려주겠다옹!

공약
(公約)

정부, 정당, 입후보
자 등이 어떤 일에
대하여 국민에게 실
행할 것을 약속함
또는 그런 약속

한눈에
알아보기 쉬운
그림과 사진자료!

꼭 알고
넘어가야 할
중요한 사건들은
한번 더 정리했다냥!

깜짝 냥냥 퀴즈!

중간 중간 나오는
깜짝 냥냥 퀴즈는
중요한 정보를
한번 더 알려준다옹!

뒤에 부록 페이지에는
알아두면 좋을 개념들이
가득하다냥!
조금 어려워도
포기하지 말라냥!

한결

우와, 누나 이거 봐. 신기한 게 짱 많아!

한솔

야! 함부로 건들지 마. 망가지면 어떡하려고!

허허 괜찮단다. 다치지만 않게 조심하렴.

할아버지

한결
할아버지! 이거 탱크예요?

오! 그렇단다. 그 탱크는 'T-34'로 불리는데
우리에게는 큰 아픔을 주었지.

할아버지

한솔
왜요?

얘들아, 우리나라와 북한 사이에
전쟁이 있었던 것은 알고 있지?

할아버지

한결
네! 6·25전쟁 말이죠?
총도 막 피융 피융 쏘고,
비행기도 위이이잉~ 폭탄이 꽝!

한솔
깜짝이야! 전쟁은 나쁜 거야!
할아버지~ 6·25전쟁은 왜 일어난 거예요?

한결
남쪽과 북쪽이 이미 싸우고 있었던 거 아닌가?

1945년 8월 15일에 우리나라가
일본으로부터 해방된 건 알고 있지?

할아버지

한솔
네!

그때 우리나라는 너무 힘이 없었어. 일본군을 몰아내고 새로운 나라를 세우는 걸 도우려고 북쪽엔 소련, 남쪽엔 미국이 들어왔단다.

할아버지

한솔

어, 이거 엄마에게 들어서 알고 있어요! 소련은 공산국가, 미국은 민주국가였죠?

한결

남쪽에 미국이 들어와서 정말 다행이다!

북쪽은 소련의 영향으로 공산화되었고, 대한민국은 미국의 영향으로 자유민주주의 국가로 세워진 거야.

할아버지

한솔

자유민주주의 국가가 되면서 되면서 직업의 차별도 없어지고 모두가 참 자유를 누리는 나라가 한반도에 처음 세워진 거라고 들었어요!

한결

그게 대한민국, 우리나라인 거죠?

한솔

공산주의에 속지 않은 이승만 대통령이 대한민국을 제대로 지키지 않았다면 우리나라도 공산국가가 되었을 거라 생각하니 무서워요.

아주 잘 알고 있구나! 북한의 김일성은 한반도를 공산국가로 통일하고자 소련의 스탈린에게 침략을 도와 달라고 수도 없이 찾아갔어. 또 중국 공산당의 마오쩌둥에게도 도와달라고 했단다.

할아버지

한솔

그럼 6·25전쟁은 김일성이 일으킨 거네요!

맞아. 사실 스탈린은 미국과 중국을 한반도에서 서로 싸우게 해서 힘을 빼고 있는 사이에 주변 나라들을 공산화하려고 했지.

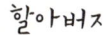

할아버지

한결

정말요?? 진짜 너무하다~~

한솔

전쟁이 일어나면 많은 사람이 죽을텐데...

6·25전쟁으로 죽은 사람만 270만 명이 넘고 다치거나 실종된 사람까지 더하면 엄청난 수의 사람들이 큰 피해를 입었지.

할아버지

한결

전쟁을 일으킨 공산당 나빠!!!

"평화를 원하거든 전쟁을 기억하라"는 말이 있단다. 이제부터 할아버지가 너희들에게 6·25전쟁 이야기를 들려줄까 하는데 들어보겠니?

할아버지

1

6·25전쟁의
시작

38도선으로 가로막힌 남북한

식민통치
(植民統治)
정치적·경제적으로 다른 나라의 지배를 받으며 국가로서의 주권을 상실하여 다스림을 받음

소련
(蘇聯)
'소비에트 사회주의 공화국 연방'의 줄임말. 러시아 혁명으로 러시아 제국이 붕괴된 후 건국된 인류 역사상 최초의 공산 국가

1945년 8월 15일, 우리나라는 드디어 일본의 식민통치로부터 해방됐어. 제2차 세계대전에서 미국과 소련이 일본과 독일을 이기면서 우리나라도 해방을 맞이하게 된 거야. 하지만 30년 넘게 일본의 지배를 받았던 우리나라는 스스로 독립할 힘이 없었지. 미국은 이제 막 해방을 맞아 무질서하고 황폐했던 한반도에 새로운 정부가 세워지길 바랐어. 그래서 서둘러 일본군을 몰아내야 했지. 그 과정에서 임시로 남쪽은 미군이, 북쪽은 소련군이 점령하게 되었단다.

미국과 소련은 미·소공동위원회를 열어 남북 통일정부를 세우기 위한 논의를 시작했어. 그런데 모두 다 생각이 달랐던 거야. 소련은 북한 지역에 자기들과 같은 편인 정부를 세우려고

했고, 미국은 남북한 대표들이 포함된 정부를 세우려 했지. 남북 대표자들 역시 서로가 자기주장만 내세워 결론을 내지 못했단다.

이후 유엔은 남북한 인구에 비례해서 국회의원을 뽑는 남북 총선거를 실시하려고 했는데 소련이 여러 가지 이유를 들면서 반대했어. 의견 차이를 좁히지 못한 채, 1948년 남한에서만 자유 총선거를 치렀고 이승만이 초대 대통령으로 당선되었지. 그리고 그해 8월 15일, 대한민국이 세워졌어. 그렇게 유엔 총회에서 '대한민국'은 한반도의 유일한 합법 정부로 승인을 받았단다. 그러는 동안 북한은 소련의 계획에 따라 단독 정부를 세우기 위한 공산 혁명을 시작했어. 북한 주요 권력 기관을 만들고, 토지개혁법을 발표하며, 공산국가가 되기 위한 헌법까지 만들었지.

비례
(比例)
한쪽의 양이나 수가 증가하는 만큼 그와 관련 있는 다른 쪽의 양이나 수도 증가함

대한민국 정부 수립 기념 행사(1948.8.15.)

우리 역사상 처음으로 왕의 지배가 아닌 법의 지배를 받는 민주공화국이 세워진 거야.

6·25전쟁은 공산주의 진영과
자유민주주의 진영 간의 전쟁이기도 하니
개념을 알아보고 가자냥!

대한민국이 선택한 자유민주주의

자유민주주의(自由民主主義, Liberal democracy)
자유주의(自由主義, Liberalism)

국민이 자유롭게 대표를 뽑고, 정부의 활동을 감시하고 견제하는 것이 바람직하다고 보는 정치이념이다. 국가 권력으로부터 개인의 자유와 인권을 보장하고, 개인의 역량을 최대한 발휘할 수 있는 사회를 추구한다. 자유민주주의 체제는 법의 지배를 기초로 모든 국민에게 동등한 시민권을 부여하고, 시장경제를 통해 경제를 발전시킨다는 원칙을 가지고 있다. 이는 자유주의, 공화주의, 입헌주의 등을 하나로 모은 것이라고 할 수 있다. 자유주의는 기독교 정신에 뿌리를 둔 반면 반대 개념인 공산주의(사회주의)는 기독교 정신을 부정한다

나라의 대표는 내가 직접 뽑고,
열심히 노력하면 꿈을 이룰 수 있어!
나의 자유와 인권은 소중해!

법과 원칙 안에서
'시민'이라고 하는 개인 →

정치이념
(political
ideology)
사회가 어떻게 조직
되고 운영되어야 하
는지에 대한 생각

북한이 선택한 공산주의

사회주의(社會主義, Socialism)
공산주의(共産主義, Communism)

사회주의는 모든 사람이 평등하게 사는 이상적인 사회를 추구하는 정치이념이다. 우리나라에 알려진 사회주의는 마르크스와 레닌의 혁명이론에서 시작된 가장 극단적인 형태의 공산주의라고 할 수 있다. 공산주의는 개인의 자유와 소유를 제한하고, 시장경제 체제를 뒤엎는 혁명을 추구한다. 재산이 없는 다수를 대변하는 공산당의 독재로 이어지는 경우가 많다. 공산주의를 추구한 소련과 북한에서는 각각 스탈린과 김일성의 독재라는 처참한 결과를 낳았다. 러시아를 비롯한 동유럽 국가는 공산주의 체제의 실패를 인정하고, 그 체제를 버렸다. 여전히 김일성 세습 체제를 따르는 사람들은 공산주의 대신 사회주의라는 말로 미화하나 북한은 사이비 공산주의 체제에 지나지 않는다.

6 · 25전쟁은
공산국가 세 권력자의 합작품

중공
(中共)

'중국 공산당' 혹은 '중화 인민 공화국'을 줄여 이르는 말. 국제적인 관계 개선을 위해 노력하던 우리나라는 1988년부터 '중공'보다는 '중국'이라고 부르기 시작함

한반도를 공산국가로 만들려던 김일성

당시 북한의 우두머리였던 김일성은 남한이 유엔으로부터 한반도의 유일한 합법 정부로 승인받자 전쟁을 일으켜서라도 한반도를 공산화하고 싶어 했어. 미군이 개입하기 전에 서둘러 대한민국을 차지하려고 소련과 중공에 도움을 요청했지.

> 스탈린 각하! 우리 북한을 지원해주시라요. 남조선 반동놈들 다 쓸어버리고 한반도를 통일하겠습네다.

> 지금 작전은 어렵소. 미군이 철수하고 남조선보다 군사적으로 높은 위치에 이를 때까지 기다리시오.

김일성

스탈린

김일성은 몇 번이나 스탈린을 찾아갔어. 사실 스탈린은 강대국이었던 미국과 충돌을 원하지 않았기 때문에 처음엔 거절했지. 그런데 6·25전쟁이 일어나기 1년 전인 1949년 6월, 미국은 남한에 있던 미군을 철수시켰어. 게다가 대한민국의 전략적 가치를 낮게 보고 애치슨 라인을 선포해버렸지. 미국이 반드시 지켜야 할 태평양 지역에서 대한민국을 제외해 버린 거야. 그래서 스탈린과 김일성은 남침을 해도 미국이 개입하지 않으리라 판단하고 전쟁을 진행했고, 중국의 마오쩌둥도 수만 명의 병력을 보내주었단다. 몰래 전쟁을 준비해온 북한에는 큰 힘이 되었지.

스탈린 (Stalin)

1924년부터 1953년까지 소련 공산당의 지도자로 전 세계를 공산화하는데 지대한 영향을 끼침. 무자비한 숙청과 공포 정치로 수천만 명을 죽게 한 독재자

마오쩌둥 (毛澤東)

중국의 초대 주석이자 독재자. 1958년 삼면홍기운동이 실패하여 수천만 명이 굶어 죽자 주석을 사임했지만, 1966년 문화대혁명을 통해 다시 권력을 잡음. 중국 내에서는 영웅으로 칭송받지만 인류 역사상 최악의 학살자 중 한 명임

"이들이 무력남침을 결정했다!!"

무력남침을 결정한 마오쩌둥·김일성·스탈린
6·25전쟁은 김일성이 기획하고 스탈린이 승인했으며
마오쩌둥이 지원한 전쟁이란다.

스탈린은 T-34 전차를 240여 대나 지원해 줬다냥!!

애치슨 라인(Acheson Line)이 뭐예요?

미국 국무장관이었던 딘 애치슨(Dean G. Acheson)은 1950년 1월 12일, 전 미국 신문 기자협회에서 '아시아에서의 위기'라는 연설을 했다. 애치슨은 소련과 중공의 공산화 전략을 막기 위해 동아시아에서 미국이 지켜야 할 지역을 발표했는데 알래스카 앞바다의 알류샨 열도에서 일본 본토, 오키나와, 필리핀을 연결하는 선을 그렸다. 그런데 여기에 한국과 타이완(대만)은 포함되지 않았다. 만약 우리나라가 애치슨 라인에 들었다면 김일성이 38도선을 넘지 못했을 거란 의견이 많다.

극동방어선
이라고도 한다냥!

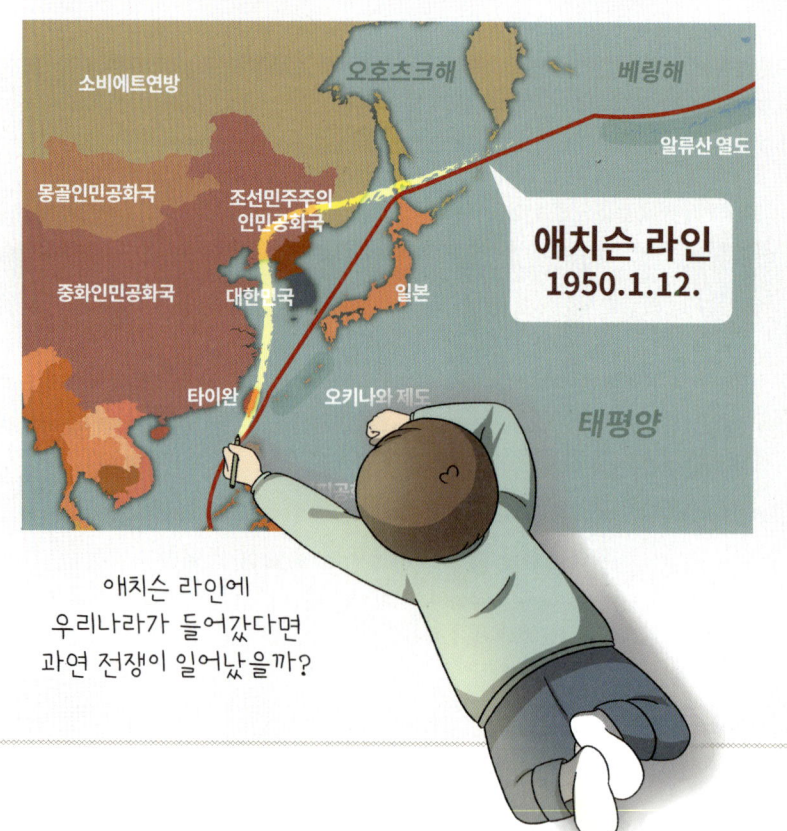

애치슨 라인에
우리나라가 들어갔다면
과연 전쟁이 일어났을까?

스탈린의 남침 허락과 무기 지원

일본의 항복으로 스탈린은 한반도 38도선 북쪽을 차지했어. 이때 소련은 김성주라는 사람을 독립운동가 '김일성 장군'으로 바꿔치기해서 북한의 우두머리로 두고, 꼭두각시 정권을 세웠지. 그런데 김일성은 남한까지 공산화하고 싶었던 거야. 그래서 스탈린에게 도움을 요청했어. 처음에 반대했지만, 주한미군의 철수와 애치슨 라인에서 한반도가 제외된 것을 본 스탈린의 태도가 바뀌었지. 때마침 소련이 핵실험에 성공하기도 했고 말이야. 새롭게 등장한 중공을 이용해서 공산주의를 확장시키고 싶은 마음이 있었던 거야. 게다가 중국을 통일시키면서 힘을 얻은 마오쩌둥을 통제하는 데 6·25전쟁을 이용할 수 있을 거라 생각했어. 결국 스탈린은 1950년 4월 10일, 김일성의 무력남침을 승인했단다.

꼭두각시
남의 조종에 따라 움직이는 사람이나 조직을 비유적으로 이르는 말

스탈린은 손 안 대고 코를 푼 거다냥~

김일성이 박헌영 등과 모스크바를 방문했을 때의 사진(1949.3.5.)
김일성은 스탈린을 찾아가 무기 지원과 '남침 전쟁' 허가를 요청했단다.

선제타격
(先制打擊)

'선제공격'의 북한 말. 적의 공격이 시작되기 직전에 적을 타격하는 일

군사고문단
(軍事顧問團)

외국에서 군사 원조를 받는 나라에 파견되어 원조 상황을 관찰하고 원조 사무를 보며, 군사 훈련 계획의 실시를 돕는 사람들의 단체

그러면서 상황이 급하게 돌아가기 시작했어. 소련과 북한은 치밀하게 '선제타격 작전계획'을 세웠지. 스탈린은 군사고문단을 평양으로 보내서 무기 다루는 방법과 전술을 가르쳤고 소련제 T-34 전차와 전투기, 자주포는 물론이고 육군 무기부터 해군 전투함, 훈련용 항공기까지 보냈어. 인천상륙작전 이후에 한중 국경선인 압록강까지 위협을 받게 되자 첨단 전투기였던 미그기(MIG-15)도 보냈단다. 그런데 소련은 참전 사실을 숨기려고 소련군 조종사에게 북한군 복장을 입히고 한국말로 교신을 할 정도로 교활하게 국군과 유엔군을 속였지.

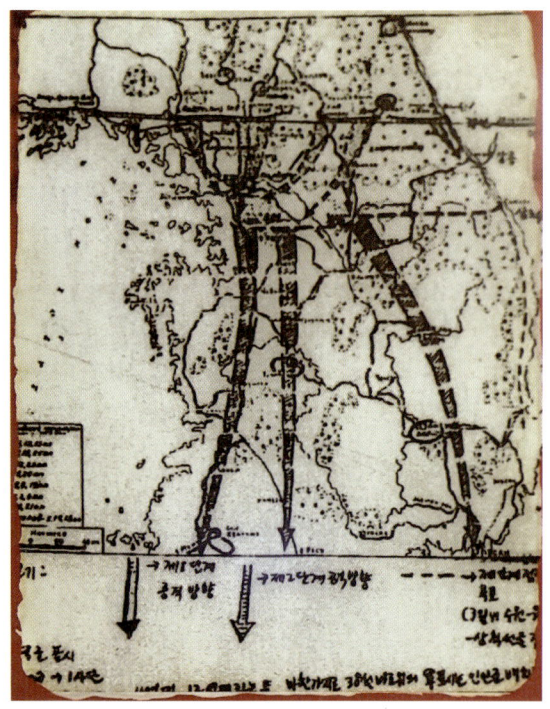

북한군의 선제타격 작전계획
(원본 사진)

북한군 3단계 작전계획
(군사편찬연구소 재작성)

김일성은 누구인가요?

　본명은 '김성주'로, 소련이 당시 존경받던 독립운동가 '김일성 장군'과 바꿔치기 해서 내세운 인물이다. 독립운동가 김일성 장군은 60살이 넘었는데 김성주는 겨우 30대 초반의 풋내기였기 때문에 사람들은 어리둥절했다. 33살의 김일성은 스탈린의 꼭두각시가 되어 많은 사람들을 참혹하게 죽이기 시작했다. 더욱이 '하늘 아래 두 개의 태양은 없다'는 말로 기독교인들을 가차 없이 제거해나갔다. 공산당은 종교는 '인민의 아편'이라며 마약처럼 여겼기 때문이다. 핍박을 피해 많은 사람이 남한으로 내려왔고, 김일성은 자신을 '위대한 수령', '민족의 태양'이라 강요하기 시작했다. 또 자신을 가짜 김일성이라고 말하는 사람은 제거하거나 깊은 산골로 쫓아냈다. 이런 사건이 계속되자 사람들은 어느새 김일성이 주장하는 대로 믿게 되었고, 그가 죽은 이후에는 신으로까지 숭배하게 되었다. 이것이 바로 공산당의 우상화 수법이다.

가짜 김일성은 스탈린의 아바타였다냥!

김일성 동상에 절하는 북한 주민들

김일성, 아들 김정일 그리고 손자 김정은의 동상이 북한 전 지역에 걸쳐 수천 개가 세워져 있는 것으로 추정돼.

불법으로 전쟁에 끼어든 중공

마오쩌둥은 '미국에 맞서고 북한을 돕는다'라는 이유를 내세워 6·25전쟁에 끼어들었어. 중공은 중국을 공산화한 지 1년도 안 되어서 세력을 더 넓히고 싶었던 거야. 중국의 국공내전에서 전투 경험이 많았던 조선족 6만여 명을 북한으로 보냈지. 이들은 북한군에 편성되어 많은 공을 세웠어. 선두에 서서 3일 만에 서울을 점령한 것도 조선족 부대였고, 호남지역을 점령하고 마산 쪽으로 공격한 것도 같은 부대였지. 그러니 전투 경험이 부족했던 한국군은 초기에 낙동강까지 밀릴 수밖에 없었단다.

한편, 더 많은 병력이 필요해진 중공은 포로로 잡아두었던 장제스의 군인들을 투입했어. 마오쩌둥은 장제스 정권을 지지하거나 공산당에 반대하는 세력들 때문에 골치가 아팠는데 충성심을 테스트한다는 핑계로 이들을 한반도로 보내버린 거야. 사실 조선족과 함께 총알받이로 활용했던 거지.

중화인민공화국 초대 주석 마오쩌둥
중국에서는 영웅으로 칭송받지만,
인류 역사상 최악의 학살자 중 한 명이라는
평가를 피할 수 없기도 하지.

국공내전
(國共內戰)
중국에서 항일전쟁이 끝난 후 중국 재건을 둘러싸고 국민당과 공산당 사이에 벌어진 국내전쟁

장제스
(蔣介石)
1920년대 후반, 분열되어 있던 중국을 통일한 정치가. 하지만 얼마 안 가 쳐들어온 일본 제국을 방어해야 했음. 1927년부터 1950년까지의 국공내전에서 패배하여 결국 중국 대륙을 중국 공산당에게 빼앗기고 타이완(대만)섬으로 쫓겨나는 치욕을 당함

총알받이
날아오는 총알을 막으려고 앞에 내세우는 사람이나 군대

6·25전쟁은 누가 일으켰을까?

북한은 남한이 먼저 침략해서 반격했다고 했지만, 시간이 지날수록 북한의 모든 주장은 거짓임이 드러났다. 전쟁 중 북한군으로부터 입수한 '선제타격 작전계획'에 그들의 남침계획이 자세히 나타나 있다. 또 비밀 문서들이 공개되면서 소련 · 중공 · 북한이 사전에 협의하여 전쟁을 시작했다는 구체적인 증거가 드러났다.

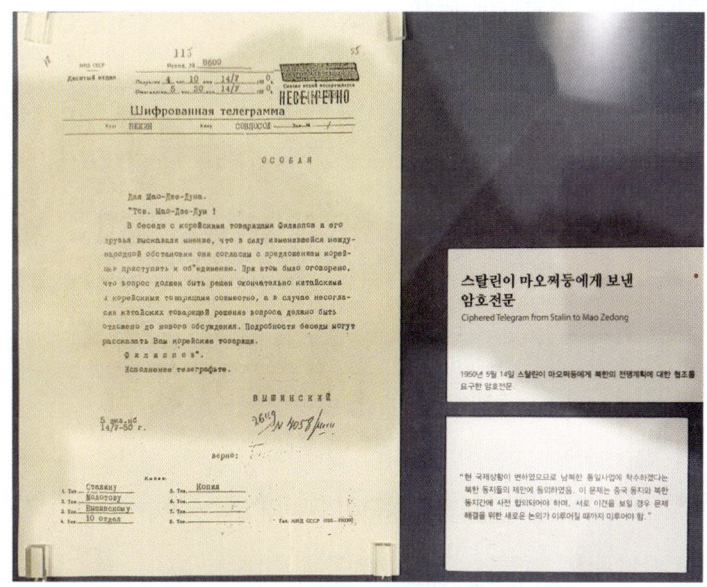

스탈린이 마오쩌둥에게 보낸 암호 전문

1950년 5월, 스탈린이 마오쩌둥에게
북한의 전쟁 계획에 대한 협조를 요구한 암호 전문이야.

증거가 있는데도
북침이라고
주장한다고?

1994년 러시아를 방문한 한국 김영삼 대통령에게 러시아 옐친(Boris Yeltsin) 대통령이 공개한 6·25전쟁 관련 비밀 문서에 "김일성의 요청으로 스탈린이 승인함으로써 전쟁이 시작되었다"라고 명확하게 적혀있다. 또 1950년 5월 14일 스탈린이 마오쩌둥에게 보낸 암호 전문에도 소련과 중공이 어떻게 전쟁을 지원했는지 나와 있다. 당시 북한은 전쟁 대비 훈련을 마친 상태였지만, 남한은 제대로 준비되지 못했고 전차나 전투기 같은 무기를 갖추지 못해서 사실상 북침할 수 있는 능력이 없었다.

역사학계에는 6·25전쟁 원인에 대한 두 가지 주장이 있다. 김일성, 스탈린, 마오쩌둥을 6·25전쟁의 주범으로 보는 주장과 한국은 내전 상태였고 미국이 남침을 유도했다는 주장이다. 그런데 후자의 대표적인 학자인 커밍스(Bruce Comings) 교수는 웨더스비(Kathryn Weathersby) 교수가 공산권 자료를 근거로 반박하자 30년 만에 자신의 주장을 취소하며 논쟁이 일단락되었다. 최근에는 전쟁 책임의 절반이 미국에 있다는 식으로 교묘하게 북한의 책임을 감추려는 우리나라 정치인들이 있는데, 이것은 북한이나 중국의 주장과 같다.

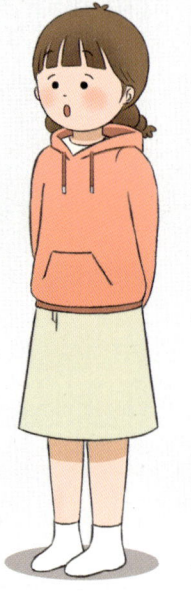

북한이 먼저 침략한 게 확실하네!

6·25전쟁의 공식 명칭은?

6·25전쟁은 한국전쟁, 조선전쟁, 6·25사변, 6·25동란, 조국해방전쟁, 항미원조전쟁, 자유 수호전쟁 등 여러 가지 이름으로 불렸다. 영어로는 The Korean War, Korean Conflict, Korean Crisis 등도 사용했다. 2004년, 국방부는 이 전쟁을 어떻게 불러야 좋을지 토론회를 열었고, 국내에서는 '6·25전쟁', 영어로는 'The Korean War(한국전쟁)'로 통일하게 되었다.

3일 만에 빼앗긴 수도 서울

불법으로 기습 남침한 북한군

6·25전쟁 직전 국내 정치 상황은 무척 혼란스러웠어. 대한민국은 세워진 지 2년도 되지 않았기에 세계에서 가장 가난한 나라에 가까웠지. 그리고 수많은 정당이 자신들 의견만 주장하는 가운데 대구, 제주, 여수, 순천에서는 남로당이 폭동을 일으켰어. 이들이 북한과 한편이 되어 테러를 일으키니 치안이 불안할 수밖에 없었지. 북한은 남로당을 부추기면서 차근차근 남침을 준비했단다.

정당
(政黨)
정치적인 주장이 같은 사람들이 정권을 잡고 정치적 이상을 실현하기 위하여 조직한 단체

남로당
(南勞黨)
남조선노동당의 줄임말. 1946년 11월 서울에서 결성된 공산주의 정당

치안
(治安)
국가 사회의 안녕과 질서를 유지·보전함

대한민국 국민들이 곤히 잠든 1950년 6월 25일 일요일 새벽 4시, 북한군의 대포가 남쪽을 향해 일제히 불을 뿜었어. 작전명이 '폭풍'이었는데, 진짜 폭풍처럼 거침없었지. 북한군은 소련군이 제2차 세계대전에서 썼던 전차와 자주포로 무장하고, 남쪽으로 쳐들어왔어. 또 동해안으로도 침투해서 38도선은 순식간에 무너졌지. 전혀 대비가 없었던 우리나라는 순식간에 전쟁의 불길에 휩싸이고 말았단다.

1950년 초부터 북한이 남침할 거란 첩보가 있었고, 실제로 북한군의 도발이 자주 있었어. 그런데 그 당시 우리 장병들은 모내기 철을 맞아 휴가를 나갔고, 4개의 보병 사단만이 38도선을 지키고 있었지. 이때를 노리고 있던 북한군의 기습에 38도선이 가볍게 무너져 버린 거야.

첩보
(諜報)

상대편의 정보나 형편을 몰래 알아낸 보고

서울 시청 앞을 지나가는 북한 공산군의 소련제 T-34 전차(1950.6.28.)
남한은 단 한 대의 전차도 없었지만 북한은 소련으로부터 전차 200여 대를 지원받았어.

북한군 전차에 무너진 서울 방어선

38도선에서 불과 40km 정도 떨어진 서울은 바람 앞의 등불 같이 위태로운 신세였어. 소련제 탱크와 신식 무기로 무장한 북한군은 빠르게 서울을 점령하려고 했지. 중부전선과 동부전선에서도 동시에 공격하여 우리 군의 정신을 쏙 빼놓았어.

북한군은 전차를 능숙하게 다룰 수 있었지만, 우리 군은 단한 대의 전차도 없었지. 전차와 자주포를 본 우리 군은 무척 당황했어. 28일 새벽 2시, 요란한 소리를 내면서 적군의 전차가 미아리고개를 넘어오자 겁을 먹고 후퇴하고 말았던 거야. 어떻게 손 쓸 틈도 없이 서울 외곽 방어선은 3일 만에 허무하게 무너져 버렸지.

중부전선
(中部戰線)
어떤 지역의 가운데 부분에서 전쟁 중 직접 전투가 벌어지는 지역

미아리고개
서울특별시 성북구 동선동과 돈암동 사이에 있는 고개

1950년 당시 남북한 군사력 비교

차이가 너무 크다냥!

38도선과 휴전선은 어떻게 달라요?

1945년 8월 15일, 한국이 일본으로부터 해방되면서 서둘러 일본군을 몰아내려고 미국과 소련이 구분한 선이 38도선이다. 38도선 북쪽은 소련군이, 남쪽은 미군이 나누어 점령하기로 한 정치적 경계선이었다.

한편, 휴전선은 1953년 7월 27일, 6·25전쟁이 멈추면서 생긴 군사분계선이다. 안타깝지만 휴전선은 정전 70년이 지난 지금까지도 그대로이다. 우리가 바라는 남북통일이 이루어지면 휴전선은 지도상에서 사라질 것이다.

휴전선과 38도선의 위치 비교

군사분계선
(軍事分界線,
MDL: Military
Demarcation
Line)
전쟁 중인 쌍방의 협정에 따라 설정한 군사 활동의 한계선

너무 일찍 폭파한 한강다리

6·25전쟁 당시, 한강에 놓여진 다리는 5개뿐이었어. 북한군이 서울 시내로 진입하자 국군은 6월 28일 새벽 2시 30분쯤 한강 인도교(현재의 한강대교)와 한강철교를 폭파했지. 이어서 서울 동쪽에 있는 광진교도 끊어버렸어. 북한군이 한강 남쪽으로 더이상 내려오지 못하게 하려고 했던 거야.

한강다리 폭파 작전은 사전에 미군과 합의된 것이었어. 그런데 우리 군 지휘부의 실수로 북한군이 한강에 나타나기 6시간 전에 다리를 폭파하고 말았지. 북한의 탱크가 창경궁에 도착했다는 보고를 받은 육군총참모장이 급한 마음에 한강다리 폭파 명령을 내렸어. 그런데 미아리에서 국군 주력부대가 아직 싸우고 있다는 것을 생각하지 못한 명령이었지. 이 사실을 알아차리고 국군이 통과할 때까지 폭파하지 말라고 다시 명령을 내렸지만 이미 늦었던 거야.

폭파된 인도교와 한강철교

결국 미아리에서 전투 중이던 국군 주력부대가 갇히게 되었고, 서울 시민 150만 명이 피란을 떠나지 못하게 됐어. 그렇게 북한군에게 죽거나 납치된 사람들도 있었

육군총참모장
현재의 육군참모총장으로 육군의 최고 책임자

**주력부대
(主力部隊)**
군대나 여러 부대 가운데 중심이 되는 전력을 가진 부대

**피란
(避亂)**
난리를 피하여 옮김. 주로 전쟁과 관련되어 사용함
cf. 피난(避難) : 지진 같은 재난을 피하여 옮김

지. 한강다리를 폭파하는 순간 다리 위에 민간인이 얼마나 있었는지에 대한 정확한 기록은 없지만, 새벽이었고 다리를 통제하고 있었기에 민간인 희생자는 많지 않았을 것으로 추정돼.

한강다리가 예상보다 일찍 끊어지면서 우리 군의 지휘체계가 송두리째 무너져 버렸어. 철수할 길이 막히니 국군들은 가지고 있던 차량과 대포 등 무기를 버리고 한강을 건넜고, 전투력에 엄청난 손실을 보고 말았지. 불행 중 다행인 건지 우리에게만 불리했던 것은 아니었어. 북한군도 임시 다리를 만드느라 시간이 지체되었고, 미국이 군대를 보내줄 시간을 벌게 됐단다.

후에 한강다리 폭파 책임을 놓고 법정이 열렸을 때, 한강다리를 폭파했던 최창식 공병감은 총살형을 받았어. 하지만 전쟁의 불확실성으로 인한 정당성이 인정되면서 무죄 판결을 받아 명예가 회복되었지. 명령을 내렸던 육군총참모장 채병덕은 책임을 지고 그 자리에서 물러난 뒤, 전쟁터에 나갔다가 북한군 총탄에 머리를 맞아 전사했단다. 물론 한강다리 폭파의 책임은 군 수뇌부에 있어. 그래도 북한군이 거세게 밀어붙이는 긴박한 상황이었다는 것을 고려했다면 어땠을까 하는 아쉬움은 남아. 세상의 모든 전쟁이 늘 합리적으로 진행되지는 않으니까 말이야.

지휘체계
(指揮體系)
목적을 효과적으로 이루기 위하여 단체의 행동을 통솔하는 시스템

수뇌부
(首腦部)
어떤 조직이나 단체, 기관의 가장 중요한 지위에 있는 사람들

조기 폭파된 한강다리
미국이 군대를 보내줄 시간을 확보해주긴 했지만 너무 이른 폭파로 큰 희생이 따르기도 했지.

빨간 완장 찬 공산당의 인민재판

서울을 점령한 공산군은 팔에 빨간 완장을 차고, 아무 죄도 없는 시민들을 대상으로 인민재판을 열었어. 시민들은 영문도 모른 채 총살을 당하거나 죽창에 찔려 죽었지. 특히 지주, 공무원, 경찰, 지식인, 언론인, 종교인들을 이유도 없이 죽여서, 그 당시 빨간 완장은 공포 그 자체였단다.

서울 시민들은 공포에 떨다가 남쪽으로 피란을 떠날 수밖에 없었어. 무너진 한강다리 옆에 간이 다리가 놓였는데, 저마다 먼저 건너가려고 아우성이었단다. 또 어렵사리 한강다리를 건넜다해도 남쪽으로 가는 기차를 먼저 타려는 사람들로 인해 아수라장이 됐지.

완장
(腕章)
신분이나 지위 따위를 나타내기 위하여 팔에 두르는 띠

인민재판
(人民裁判)
공산주의 국가에서, 일정한 자격을 갖춘 법관 대신 인민이 뽑은 사람이 대중 앞에서 처단하는 방식의 재판

지주
(地主)
토지의 소유자

서울 중구 국립극장에서 자행된 인민재판(1950)
재판을 받고 있는 소설가 김팔봉. 공산당에 반대하면 누구든 이렇게 잔인하게 죽는다는 본보기로 죽임을 당했단다.

수원역에서 부산으로 향하는 피란 열차에 어떻게든 올라타려는 시민들(1950.6.30.)

미처 서울을 탈출하지 못한 시민들도 꽤 많았어. 북한군은 교수, 문학가, 의사, 교사, 언론인 같은 전문가들을 억지로 끌고 갔는데, 그 수가 10만 명이나 돼. 이들은 가족들이 보는 앞에서 옷도 제대로 입지 못하고 맨발로 끌려갔단다.

너무한다냥!!!

이렇게 북한으로 붙잡혀간 남편을 애타게 그리워하는 가요
가 있어. 바로 '단장의 미아리고개'란 노래야. 단장(斷腸)이란 너
무 슬퍼서 창자가 끊어질 정도의 고통을 일컫는 말로, 이 노래
에는 절절한 사연이 담겨 있어.

단장의 미아리고개
(작사: 반야월, 작곡: 이재호, 노래: 이해연)

미아리 눈물 고개, 임이 넘던 이별 고개
화약 연기 앞을 가려 눈 못 뜨고 헤매일 때
당신은 철사줄로 두 손 꽁꽁 묶인 채로
뒤돌아보고 또 돌아보고 맨발로 절며절며
끌려가신 이 고개여 한 많은 미아리고개

아빠를 그리다가 어린 것은 잠이 들고
동지섣달 기나긴 밤 북풍한설 몰아칠 때
당신은 감옥살이 그 얼마나 고생하고
십 년이 가도 백 년이 가도 살아만 돌아오소
울고 넘던 이 고개여 한 많은 미아리고개

봉기
(蜂起)
벌 떼처럼 때 지어
세차게 일어남

박헌영
공산주의 운동가이
자 6·25전쟁의 주
요 전범. 조선공산
당 창립에 참가했고
남조선노동당을 조
직했으며 그 당수의
자격을 지니고 북한
의 내각 부총리 겸
외무장관이 됨. 조
선노동당이 발족하
자 부위원장이 되었
고 김일성에 의한
남로당계 숙청작업
으로 체포되어 사형
당함

남한 내 **봉기**를 막은
이승만 대통령의 농지개혁

북한군은 3일 만에 서울을 점령했다. 그런데 한 달 이내에 남한을 점령하려고 계획했던 북한이 3일이나 서울에 머물러 있었던 이유는 뭘까?

여러 추측 중 '인민봉기설'이 있다. 전쟁 직전 박헌영은 남한에서 이승만 정권에 반대하는 세력이 20만 명이 넘는다고 떵떵거렸다. "며칠만 기다리면 전국에서 봉기가 일어날 것이다. 피를 흘리지 않고 남한 전체를 쉽게 점령할 수 있다!"라고 큰소리쳤다. 그래서 북한군은 남쪽으로 진격하는 것을 멈추고 결정적인 시간을 기다렸다는 것이다. 그런데 한참이 지나도 봉기는 일어나지 않았다. 왜냐하면 이승만 대통령이 농지개혁을 하겠다고 약속했기 때문이다.

1948년 12월 4일, 이 대통령은 라디오 연설에서 '농지개혁 문제'를 전 국민에게 알렸다. 그때는 라디오가 있는 집에서 동네 사람들이 함께 모여 연설을 들었다.

"하나님이 세상을 창조할 때, 양반과 상놈을 구별하거나 부자와 가난한 사람을 나누어 놓은 것이 아니다. 모든 사람은 동등하게 태어나서 행복하게 살 권리가 있는데, 부자는 대대로

부자, 양반은 대대로 양반이 되면서 불공평한 세상이 계속되고 있다. 지금 우리가 주장하는 민주주의는 모든 차별을 없애고 모든 국민이 평등하고 자유롭게 살아가는 것을 추구한다. 이를 위해서는 농지개혁법이 유일한 근본적 해결책이다"

새로운 농지개혁법은 생산량의 30%를 5년 동안 갚으면 그 땅이 소작 농민의 땅이 된다는 것이었다. 처음에 농민들은 이것을 믿지 않았다. "우리도 땅 주인이 될 수 있다는 말인가?", "그게 진짜 가능한 일인가?"하며 말싸움도 일어났다. 그 이유는 양반과 상놈으로 구별된 조선시대 신분제가 여전히 남아 있었기 때문이다. 하지만 실제로 농지개혁은 이뤄졌다. 그리고 농민들은 5천 년 만에 처음으로 자기 땅을 가질 수 있었다.

김일성은 북한처럼 토지개혁을 통해 남한 농민들에게 '토지 무상분배'를 한다고 유혹했다. 하지만 남한은 1950년 3월 이미 농지개혁이 이뤄진 뒤였기에 국민들은 속지 않았다. 오히려 자기 소유의 땅을 갖게 해준 대한민국의 편에 섰고, 그 땅과 자유를 지키기 위해 싸웠다.

갑오개혁이 제도적으로 신분제를 종식했다면, 농지개혁은 관행적으로 남아 있던 반상 차별까지 없애며, 국민이 자유와 평등의 가치를 실질적으로 체득하게 한 계기가 되었다.

소작 농민
(小作農民)
일정한 소작료를 지급하며 다른 사람의 농지를 빌려 농사 짓는 사람

무상분배
(無償分配)
값을 받지 않고 나누어 줌

내 소유의 땅과 자유를 지키려고 공산당과 싸운 거네!

농지개혁은 생각할수록 놀라운 것 같아!

위태위태했던 한강 방어선

방어선
(防禦線)

적의 공격을 막기
위하여 진을 쳐 놓
은 전선

김홍일 장군과 한강 방어선

곳곳에서 일어났던 전투 중에서도 한강 방어 전투는 아주 중요한 고비였어. 국군은 '북한군이 3일 이상 한강을 건너지 못하게 발을 묶어두라'는 명령을 받았지. 우리나라를 돕기 위해 미군이 들어올 발판을 마련하려면 그 정도 시간이 필요했거든. 이때 급하게 만들어진 3개 사단은 병력도 적었고 무기도 보잘 것 없었어. 더구나 훈련도 제대로 받지 못해서 북한군을 대항하기엔 역부족이었지. 이렇게 불리한 조건에서도 리더십을 발휘한 사람이 김홍일 장군이었어. 중요한 곳에, 제때 병력을 잘 배치해서 5일 동안(6월 27일~7월 3일) 한강 방어선을 지켜주었지. 김홍일 장군과 장병들은 죽기를 각오하고 방어에 성공했단다.

김홍일 장군

"앞으로 3일 동안 한강 방어선을 지키느냐 못 지키느냐에 따라 나라의 운명이 달라진다. 죽을 거면 여기서 당당하게 죽자!"

소년병에 감동한 맥아더 사령관

국군이 한강 방어선을 잘 지켜준 덕분에 맥아더(Douglas

MacArthur) 사령관은 6월 29일 적의 포탄을 무릅쓰고 수원 비행장에 도착할 수 있었어. 그는 곧바로 전쟁터를 직접 보기 위해 한강 방어선으로 달려갔지. 이때 맥아더 사령관은 한 소년병을 만나 짧게 대화를 나누었다고 해.

후퇴하라는 명령이 없었습니다! 각하께서도 군인이시고 저 또한 군인입니다.

자네는 왜 후퇴하지 않았는가?

언제까지 여기에 있을 것인가?

군인이란 명령을 따를 뿐입니다. 저의 직속 상관이 철수 명령을 내리지 않는 한 죽는 순간까지 이곳을 지킬 것입니다.

참으로 훌륭하다. 자네의 소원은 무엇인가?

소년병

우리는 지금 맨주먹으로 싸우고 있습니다. 적을 깨부술 수 있도록 총과 탄환을 충분하게 주십시오!!

맥아더 사령관

소년병의 대답에 깊이 감명받은 맥아더 사령관은 '이 병사의 조국을 꼭 구해야겠다'고 마음먹었어. 그리고 일본 도쿄 유엔사령부에 돌아가서 미국의 트루먼(Harris S. Truman) 대통령에게 지상군을 보내달라고 요청했지. 트루먼 대통령은 요청을 받아들여 지상군을 보내주었어.

지상군
(地上軍)
지상(육지)을 활동 영역으로 삼아 작전 임무를 하는 군대. 보통 육군을 말함

고
(故)
이미 세상을 떠난

맥아더 사령관의 마음을 움직인 소년병은 실제 인물인가?

맥아더 사령관이 인천상륙작전을 결심하도록 만든 소년병은 실제 인물로 백골부대 일등병이었던 고(故) 신동수 씨이다. 그는 2004년 KBS와의 단독 인터뷰를 통해 역사적 만남을 생생하게 증언했다. 맥아더 사령관을 만나고 사흘 뒤, 후퇴 명령을 받고 물러나던 신 씨는 다리에 총탄을 맞고 왼쪽 무릎 아래를 절단했다.

故 신동수(당시 백골부대 소속 일등병 / 2004년 KBS 인터뷰)
"타 부대는 다 후퇴를 했는데 이 부대만 왜 후퇴 안 하고 있느냐, 내가 하는 말이 저는 중대장님의 명령 없이는 절대 후퇴 안 합니다. 죽더라도 여기서 죽고 살더라도 여기서 살겠습니다."

국군의 패배를 막은 춘천 대첩

위기 속의 춘천 대첩

전쟁 초반에 있었던 춘천 대첩은 낙동강 방어 전투, 인천상 륙작전과 함께 6·25전쟁의 3대 대첩으로 꼽히는 전투야. 제대 로 무기를 갖춘 데다 훈련까지 잘 받은 북한군을 국군이 잘 막 아내며 크게 승리한 전투였지.

북한군 중에 최강부대로 통하는 2군단은 춘천을 하루 만에 돌파하고, 수원으로 내려가는 국군 주력부대를 포위하기로 했 어. 그래서 빠르게 이동할 수 있는 모터사이클 연대와 장갑차를 춘천 지역에 배치했지.

그에 맞섰던 국군은 우리보다 4배나 병력이 많고, 10배나 넘 는 화력을 가진 북한군을 상대로 너무나도 잘 싸웠어. 높은 산 과 좁은 계곡을 이용해서 북한군의 전진을 늦추었지. 당시 국 군 6사단을 이끌던 김종오 사단장은 북한군이 공격을 시작한다 는 첩보를 듣고 준비를 하고 있었어. 장병들 휴가도 보내지 않았고, 정찰 대를 만들어 적의 움직임을 파악하고 있었단다.

6월 25일, 북한군은 소양강 길목 인 모진교를 가볍게 돌파했어. 기세

북한군이 사용한 모터사이클(M-72)

대첩
(大捷)
크게 이김. 또는 큰 승리

화력
(火力)
총포 따위의 무기의 위력

가 잔뜩 올라 바로 다음날 넓은 들판인 옥산포를 빠르게 가로질러 왔지. 대기하던 국군 6사단은 우두산 고지 일대에서 북한군을 향해 대포 900발을 퍼부었어. 뜨겁게 달궈진 대포의 포신을 물과 오줌으로 식혀가면서 말이야. 공격해 오던 북한군은 단시간에 무너져 버렸지.

52

적군이 코앞에 있는데, 전투에 사용할 5천여 발의 포탄을 군인들만의 힘으로는 옮길 수 없었어. 이런 사정을 알게 된 춘천 시민들이 나서서 함께 옮겨주었지. 특히 춘천농업고등학생 100여 명은 교복을 입은 채로 집에서 쓰던 손수레까지 가져와 포탄을 옮겼어. 몇몇 시민들은 주먹밥을 만들어 나눠주었지. 국군은 물론 시민들까지 마음을 합쳐서 북한군의 기습을 막아낸 전투였단다. 그 결과, 6월 25일 당일 춘천을 점령하려던 북한군의 작전은 보기 좋게 실패했어. 또 이렇게 춘천에서 북한군의 공격을 막아준 덕분에 국군도 재정비하고 나아갈 수 있었지.

이대용 (국군 6사단 7연대 4중대장)

"춘천에서 3일 이상을 버텼기에 낙동강 방어전선도 준비할 수 있었고, 인천상륙작전도 가능했다. 춘천 전투는 시민들과 함께한 전투였다. 춘천 시민들의 희생 덕분에 대한민국을 지킬 수 있었다."

적군을 향해 맨몸으로 돌진한 육탄 특공대

국군 6사단 심일 소위는 대전차포로 북한군 전차를 공격했어. 하지만 끄떡도 하지 않자 5명을 모아 특공대를 만들었지. 특공대는 화염병과 수류탄을 들고 육탄전을 벌이며 전차를 폭파시켰어. 이 광경을 본 장병들은 적을 물리칠 수 있다는 자신감을 얻었지.

대전차포
(對戰車砲)
적의 전차나 장갑차를 파괴하는 데에 쓰는 포

육탄전
(肉彈戰)
몸을 탄알 삼아 적진에 뛰어들어 벌이는 전투

6월 28일, 홍천에서는 국군 6사단 2개 연대가 북한군의 공격을 막아냈어. 연대장은 화촌면 말고개에 특공대를 배치했지. 이 작전에 자원한 조달진 일병을 비롯한 특공대 11명은 비가 억수처럼 쏟아지고 있는데도 불구하고 2명씩 조를 짜서 시체처럼 길에 누워있었어. 그리고 북한군 전차가 다가오자 수류탄을 들고 돌진했지. 전차 안으로 수류탄을 던져 폭파시켜 버렸어. 비탈지고 구불구불한 계곡에서 전차가 줄줄이 파괴되니까 북한군은 한동안 전진을 포기할 수밖에 없었단다.

당시 말고개에서 파괴한 전차는 확인 결과 자주포였다냥!

54

북한군의 작전을 물거품으로 만든 국군 6사단

춘천과 홍천 전투에서 국군은 368명이 죽거나 다쳤어. 반면에 북한군은 6,792명이 죽었고, 122명이 포로로 잡혔지. 자주포 25대와 전투 장비까지 파괴되면서 북한군 전력에 손실이 컸단다.

국군 6사단이 적군의 전진을 막아준 덕분에 한강 북쪽에 있던 국군이 한강 남쪽으로 철수할 수 있었고 한강 방어선을 만들 수 있었어. 그리고 맥아더 사령관은 일본 나고야에 있던 미 24사단을 급하게 투입할 수 있었지. 또 이렇게 시간을 벌어 낙동강 방어선까지 준비할 수 있었던 거야. 김일성은 전혀 생각지 못한 전투에서 지니까 노발대발했고, 춘천과 홍천 전투의 지휘관을 그만두게 했지. 후에 김일성은 전쟁 실패의 원인으로 '춘천 전투 3일'을 이야기 할 정도였다고 해.

화가 난 김일성은 2군단장 김광협을 해임했다냥

백두산함과 대한해협 전투

해전에서 첫 승리를 안겨준 백두산함

우리 해군이 큰 공을 세웠음에도 불구하고 잘 알려지지 않은 전투가 있어. 바로 대한해협 전투란다. 대한해협은 우리나라와 일본 사이에 있는 바다를 말해. 여기에서 우리 해군과 북한군이 싸우게 됐지. 북한군은 부산항 부두를 파괴하고 미군의 개입을 막아보려고 했어. 부산항을 통해 미군 병력과 무기, 보급품이 들어왔기 때문이야. 북한은 무장수송선을 대한해협으로 보내 부산을 점령하려고 했지.

6월 25일 오후 8시쯤, 부산 앞바다를 항해하던 우리 해군 최초의 전투함인 백두산함은 수상한 배 한 척을 발견했어. 그런데 이 배가 소속도 밝히지 않고 도망가니까 계속 쫓아갔지. 불빛을 비춰보니 1000톤급이 넘었고 갑판 위에는 완전무장한 수백 명의 북한군이 타고 있었어.

우리 해군은 나무를 깎아 만든 모형 포탄으로 훈련한 게 전부였고, 백두산함에는 고작 100여 발의 포탄만 있었지. 그래서 우리 해군은 명중률을 높이려고 북한군 수송선의 1km 근처까지 접근해 포탄을 날리는 매우 위험한 작전을 펼친 거야.

백두산함은 레이더도 없이 어둠 속에서 5시간 동안 치열한 전투를 벌였어. 6월 26일 새벽, 포탄이 바닥날 즈음 한 발의 포탄이 북한군의 수송선

보급품
(補給品)

군대에서 군인에게 주어지는 모든 물품

무장수송선
(武裝輸送船)

전투에 필요한 장비를 갖추고 사람이나 물건 따위를 실어 나르는 배

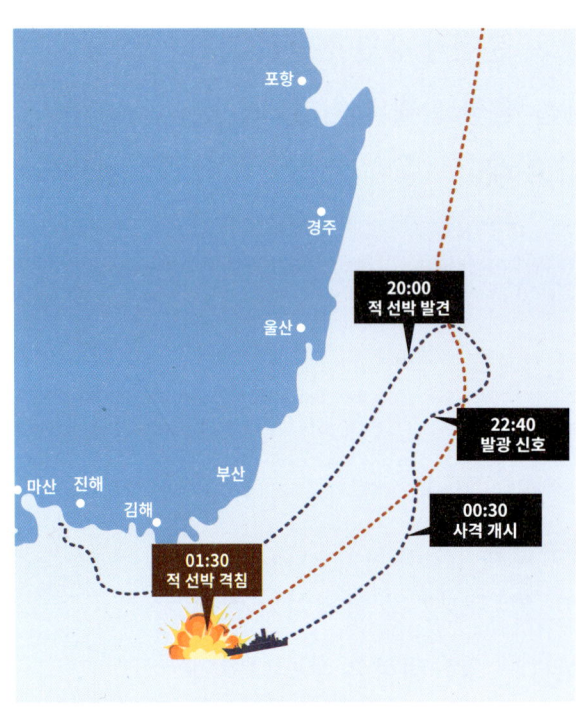

대한해협 전투 상황도

을 맞췄고, 배는 순식간에 가라앉았지. 그렇게 북한 특수군 600여 명을 모두 바닷속으로 빠뜨려 물고기 밥으로 만들었단다. 이 전투가 6·25전쟁에서 우리 해군이 거둔 첫 승리였어.

대한해협 전투 60주년 재연행사 장면(2010.6.25.)
바다에서 1km는 매우 가까운 거리란다.

적의 포탄에 맞아 내장이 파열되는 큰 부상을 입고도 끝까지 배의 조타키를 놓지 않았던 김창학 하사와 전병익 중사가 있어. 그들은 숨을 헐떡이면서도 "적함은요?"라고 물었지. "격침했다, 살아야 해, 정신 차려!"라는 말을 듣자 이들의 눈빛은 환해졌어. 다시 숨을 가쁘게 몰아쉬며 "끝까지 싸우지 못해 죄송합니다"라고 했지. 마지막 기력을 다해 "대한민국…"이라고 말했지만, 마지막 말을 다 잇지 못하고 고개를 떨구었어. 이 모습을 지켜보던 병사들은 울음을 터트릴 수밖에 없었지.

나라를 위해 목숨을 바친 두 사람은 '김창학함', '전병익함'이라는 이름의 군함으로 새롭게 태어나 우리 바다를 지키고 있단다. 만약 이때 북한 특수군이 탄 무장수송선을 막지 못해 유엔 16개국의 병력과 미국이 제공한 전쟁물자가 제때 들어오지 못했다면 전쟁이 어떻게 전개되었을지 상상도 할 수 없단다.

조타키
선박의 방향을 조종하는 핸들

적함
(敵艦)
적의 군함이나 배

격침
(擊沈)
배를 공격하여 가라앉힘

60명의 백두산함 선원들
대한해협 전투 한 달 전인 1950년 5월 20일,
진해 부두에서 찍은 백두산함 승조원 기념사진이야.

국민의 성금으로 구입한 백두산함

1948년 8월, 대한민국이 세워지고 해군도 처음 만들어졌는데, 정작 전투함은 단 한 척도 없었어. 그래서 해군참모총장 손원일 제독은 전투함을 마련하기 위한 비용을 모으기로 했지. 6 · 25전쟁이 일어나기 전 우리나라 상황은 한 치 앞을 내다볼 수 없었지만 이순신 장군처럼 다가올 미래를 준비하기로 했던 거야.

해군 장병과 그 가족들이 앞장섰단다. 장병들은 월급의 10분의 1을 냈고, 부인들은 삯바느질과 바자회를 열어 모인 돈을 보냈지. 그렇게 전 국민의 참여로 이어져 4개월여 만에 15,000달러 정도가 모였어. 정부 지원금까지 합쳐 6만 달러로 전투함을 마련하게 된단다.

삯바느질
삯(돈)을 받고 해주는 바느질

대한민국 최초의 전투함, 백두산함(PC-701호)
제2차 세계대전에서 미군이 사용했던 배로 수리가 필요한 상태에서 구입했지.

그렇게 고물선 4척을 구입하게 됐지. 미국에서 어렵게 배를 샀는데 수리할 돈은 없어서 장병들이 배에서 먹고 자며 직접 수리했어. 전투를 위한 포가 없었기 때문에 하와이로 가야만 했지. 하와이에서 3인치 포를 설치하고, 괌에서는 포탄 100발을 산 다음에 돌아왔어. 백두산함은 우리나라 여러 항구를 돌아다니다가 6·25전쟁 하루 전날 진해항에 도착할 수 있었단다. 만약 하루만 늦게 도착했다면 어땠을지 상상도 하기 싫구나.

백두산함에 3인치 포를 설치하는 모습(1950.3.)

그렇게 구입한 4척 중 450톤급 화이트헤드호가 우리나라 최초의 전투함인 백두산함이 되었어. 화이트헤드(White Head)와 백두(白頭)산함, 이름이 같지? 놀라운 우연의 일치란다.

2

유엔의 도움과 낙동강 방어선

미국과 유엔의 도움

**발칸반도
(Balkan半島)**
유럽의 남동부에 있
는 반도

트루먼 제33대 미국 대통령
미군과 유엔군을 보내기로 결정해
대한민국을 위기에서 구했단다.

한국을 살린 미국 대통령의 결단

1950년 6월 25일 새벽 4시는 미국 워싱턴 시각으로 6월 24일 토요일 오후였어. 미국인들이 한가롭게 주말을 보내고 있을 그때, 한반도에서 전쟁이 일어났다는 속보가 전해진 거야. 당시 미국은 한반도에서 주한미군을 철수시켰기 때문에 더 긴장하기 시작했지.

애치슨 국무장관은 트루먼(Harry S. Truman) 대통령에게 바로 보고했어. 트루먼 대통령은 북한이 미국과 유엔의 권위에 도전하는 것으로 보고 강력하게 대응하기로 했지. 그리고 소련이 발칸반도와 동남아 신생 독립국들을 공산화하며 세력을 넓히려고 했기 때문에 전쟁으로 인한 도미

노 현상이 생길까봐 다음날 바로 긴급 유엔 안전보장이사회(이하 '안보리')를 소집했단다.

유엔 안보리의 2차 결의안 채택 장면(뉴욕 시각 1950.6.27.)
유엔군의 한국 참전을 결의하는 순간이야.

유엔의 첫 번째 결의안은 북한에 즉각적인 적대 행위를 중단할 것과 군대를 38선 북쪽으로 철수할 것을 요구하는 내용이었어. 소련이 참석하지 않은 가운데 찬성 9표, 기권 1표로 통과되었지. 그래서 유엔은 김일성과 스탈린이 결의안을 따를 것으로 생각했는데, 그들은 무시하고 계속 전쟁을 이어나갔던 거야. 그래서 '평화를 되찾기 위해 무력을 사용하여 군사적 제재를 하겠다'는 두 번째 결의안을 다루었지만 역시 통하지 않았단다.

도미노 현상
도미노 패가 연이어 넘어지듯이, 어떤 지역이 공산화되면 그 영향이 차례로 인접 지역으로 파급되어 간다는 이론

유엔 안전보장이사회
국제평화와 안전의 유지에 대한 1차적 책임을 지는 국제연합의 주요기구

무력(武力)
군사상의 힘

제재(制裁)
법이나 규정을 어겼을 때 국가가 처벌이나 금지를 행하는 일

소련이 안보리 거부권 행사를 포기한 이유

6·25전쟁을 둘러싼 최대의 미스터리는 소련이 왜 안보리 결의안 거부권을 포기했냐는 거야. 5대 상임이사국이었던 미국, 영국, 프랑스, 중국, 소련 중 한 국가라도 거부권을 행사하면 어떤 결의도 불가능했거든. 중국의 대표권은 중공이 아닌 중화민국(현재의 타이완 정부)에 있었고, 자유 진영이었기에 거부권을 행사할 리 없었지. 그러니 소련의 선택이 관건이었는데, 소련이 유엔군 참전을 결정하는 회의에 불참했던 거야. 그건 찬성표를 던진거나 다름 없었어.

사실 스탈린은 다른 의도가 있었지. 세력이 커지던 중국과 미국의 발을 한반도에 묶어놓고 힘을 빼는 동안 소련은 유럽에서 세력을 넓히려고 했던 거야. 이 사실은 1992년, 소련이 무너지면서 드러난 비밀문서를 통해 세상에 알려지게 되었단다.

상임이사국
국제평화와 안전유지에 필요한 행동을 취할 책임과 권한을 가지는 국제연합의 핵심기관

중화민국
(中華民國,
Republic of
China ROC)
1912년부터 1949년까지의 중국 대륙을 통치하였으나 국공내전에서 중국공산당에 패해 타이완섬의 타이베이로 수도를 옮긴 나라. 예전에는 자유중국이라 불렸으나 현재는 대만 혹은 타이완이라고 부름

자유 진영
(自由陣營)
자유민주주의 체제를 옹호하는 세력. 여기서는 미국 등 한국전쟁 참전을 지지한 나라들을 의미함

관건
(關鍵)
어떤 문제 해결의 가장 중요한 부분

> **To. 고트발트 체코슬로바키아 대통령께**
>
> 미국이 한반도에 발이 묶이고
> 중국 역시 한국전쟁에 끌어들이면,
> 소련이 유럽에서 공산주의를 강화할 시간을 벌고
> 국제 세력의 균형을 이루는 이득을
> 우리에게 안겨줄 것입니다
>
> ...
>
> **1950년 8월 27일 스탈린**

할아버지

얘들아, 우리 이 게임을 같이 해볼까?

한결

어!! 나.. 나 이 게임 아는데!!
도...도너츠??

한솔

아휴... 아니야, 도미노야

할아버지

도너츠는 이따 간식으로 먹을까?

한결

만세!!!

할아버지

도미노 게임은 해본 적 있니?

한솔

네!! 친구들이랑 같이 엄청 크게
만들었었는데, 맨 처음 하나를
넘어뜨리니까 다른 것도 다!

한결

와르르!!!

한솔

맞아! 와르르르!!

하하! 재미있었겠구나!
그나저나 소련이 공산국가가 된 다음,
주변의 동유럽 나라들이 하나씩 차례대로
공산화되었다고 했던 거 기억하지?

할아버지

한결

네! 도미노처럼 차례대로?!

그렇지! 그래서 그 당시 미국의
국무장관이었던 존 덜레스라는 사람이
'공산화 도미노 현상'이라고 비유했단다.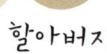

할아버지

한솔

우와... 한 번에 이해돼요!

할아버지

그런 상황 가운데 중국도 공산화되니까 미국 입장에서는 한국도 공산화될까 봐 걱정하지 않을 수 없었던 거지

한결

그래서 더 우리나라를 도와준 거구나!

한솔

다른 나라는 다 공산화가 되었는데 맨 끝에 있는 우리나라만 공산화되지 않은 것이 신기해요!

할아버지

미국과 많은 나라들이 도와준 것도 있지만, 자유를 지키기 위한 우리 국민들의 희생과 노력이 있었기 때문이지...
우리는 감사하는 마음을..?

한솔

잊으면 안돼요!

한결

감사합니다!!!

할아버지

하하!! 멋지구나 우리 손주들!

가장 먼저 투입된
스미스 특수임무부대가
대전역에 내리는 모습
(1950.7.2.)

미 24사단 소속, 1개 대대
로 열악한 환경에서 북한
군과 첫 전투를 벌였단다.

오산 죽미령 전투, 스미스 특수임무부대의 큰 희생

유엔군이 한반도에 다 도착하기까지는 두 달 이상 걸렸어. 유럽이나 미국, 남태평양, 아프리카에서 한국으로 오려면 배를 타고 와야 했거든. 미국은 유엔군이 도착하기까지 시간을 벌기 위해 일본에 주둔하던 미 24사단 중 1개 대대를 먼저 급히 보내 주었어.

가장 먼저 스미스 특수임무부대가 부산항으로 들어왔지. 방어진지를 만들거나 지형을 파악할 시간도 없이 이틀 치 전투 식량과 120여 발의 탄환만 들고 전쟁터로 나갔어. 그렇게 경기도 오산의 죽미령 지역에서 북한군과 7월 4일 처음으로 마주쳤단다. 부대원들은 최신식 전차로 무장한 5천 여명의 최정예 북한군과 격렬한 전투를 치렀지만 무리였어. 미군이 가지고 있던

특수임무부대
특정 임무 또는 작전을 수행할 목적으로 단일 지휘관 아래에 임시로 구성된 부대

방어진지
(防禦陣地)
적의 공격을 막기 위하여 언제든 적과 싸울 수 있도록 장비를 갖추고 부대를 배치하여 둔 곳

최정예
(最精銳)
여럿 가운데서 골라 뽑은 가장 능력이 뛰어난 사람

바주카포로는 북한군 전차를 파괴할 수 없었고, 스미스부대원 540명 중 181명이 전사하고 말았어. 비록 큰 피해를 입긴 했지만, 미국이 참전하지 않을 것이라고 생각했던 북한군에게 혼란을 주기에는 충분했지. 이 전투로 인해 유엔군과 국군이 낙동강 방어선을 구축할 시간을 벌 수 있었고, 북한군이 예정보다 늦게 대전에 진입하게 되었던 거야. 스미스부대의 희생은 6·25전쟁의 흐름을 바꾸는 첫 번째 신호탄이었단다.

유엔군, 한국으로 오다

죽미령 전투에서 미군이 패배했다는 속보를 받은 미국 극동사령부는 깜짝 놀라 본국에 있는 합동참모부에 지원을 요청했어. 그래서 트루먼 대통령은 유엔안보리 소집 요구를 했고, 유엔군 사령부를 만들도록 했지. 자유 진영 52개국이 지지했고, 미국, 영국, 호주, 튀르키예(터키), 태국 등 16개국은 바로 군대를 보내주었어. 또 여러 나라가 전쟁에 필요한 군수물자를 지원했고, 의료지원단까지 보냈단다.

이렇게 유엔군 수가 늘어나니까 지휘부 통합이 필요해졌지. 미군과 영국군을 포함한 모든 참전국의 작전지휘권을 가질 수 있었던 유엔군 사령관으로 맥아더 사령관이 임명됐어. 이승만 대통령도 작전을 효율적으로 수행하고 지휘를 통일할 수 있게 우리 군의 작전지휘권을 넘겼는데, '전쟁이 끝날 때까지'라는 조건을 붙였단다.

극동사령부
(極東司令部, Far East Command)
극동지역에 해당하는 대한민국, 일본, 필리핀 등에 있는 모든 미국 주둔군을 관리통제하는 임무를 지닌 본부

합동참모본부
국가원수의 군 통수권 행사를 보좌하고 모든 군사작전을 총괄하며 육군, 해군, 공군의 군사작전 협력 기구

유엔군 사령부
(UN軍司令部, United Nations Command, UNC)
한국 전쟁을 계기로 대한민국을 지원하기 위해 설립된 다국적 연합군. 간단히 유엔군이라고 부름

군수물자
(軍需物資)
전투 식량, 군복, 병기 따위의 군대에 필요한 물품이나 재료

북한군 전차를 공격하는 2.36인치 바주카포(1950.7.5.)
안타깝게도 이 무기로는 T-34전차를 명중해도 파괴시키지는 못했지.

맥아더 사령관과 이승만 대통령의 만남(1948.8.15.)
둘 다 기독교인이자 반공주의자로 오랜 친분을 유지하고 있었단다.
이들의 친분이 6·25전쟁이 일어났을 때 대한민국을 수호하는 데에 큰 도움이 되었어.

유엔이 무엇인가요?

유엔(United Nations, 국제연합)은 제2차 세계대전 이후 전쟁을 막아 평화를 지키려는 목적으로 설립된 국제기구이다. 대규모 전쟁을 막기 위해 미국 루스벨트 대통령이 제안했고, 여러 나라 지도자들이 동의해서 1945년 10월 24일 조직됐다. 유엔 활동은 크게 평화를 유지하는 일, 군비를 줄이는 일, 그리고 국가들이 서로 협력하는 일로 나누어져 있다. 현재까지 유엔에는 193개국이 가입해 있다. 반기문 전 외교부 장관은 2007년부터 10년 동안 제8대 유엔 사무총장으로 일했고, 지금도 많은 한국인이 유엔에서 세계평화를 위해 일하고 있다.

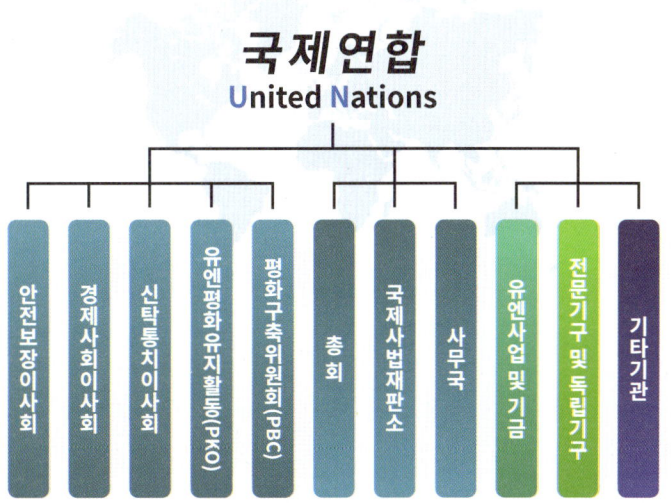

국제연합
United Nations

안전보장이사회 / 경제사회이사회 / 신탁통치이사회 / 유엔평화유지활동(PKO) / 평화구축위원회(PBC) / 총회 / 국제사법재판소 / 사무국 / 유엔사업 및 기금 / 전문기구 및 독립기구 / 기타기관

유엔(국제연합) 편성표

소중한 시간을 벌어준 대전 전투

금보다 값진 지연전

금강 방어선 위치

미 24사단이 북한군에 밀려 오산과 천안을 내어주었고, 국군도 전쟁이 터진 지 보름 만에 금강 방어선까지 밀려났어. 결국 북한군은 손쉽게 임시 수도 대전까지 진입하게 되었지.

이때 미 8군 사령관 워커(Walton H. Walker) 장군은 "20일까지는 대전을 지켜야 한다"고 명령했어. 윌리엄 딘 (William F. Dean) 사단장과 병사들은 그 명령을 따랐지. 급한 상황이었지만 딘 사단장은 병사들에게 새로 개발된 무기 사용법을 가르치며 북한군을 제압하기 위해 노력했어.

그런데 오산 죽미령 전투부터 대전 방어전까지 치르면서 미 24사단 15,000명 중 6,300여 명이 목숨을 잃거나 실종되고 말았어. 아시아에서도 아주 작은 나라였던 대한민국을 지키려고 큰 희생이 있었던 거야.

대전 시내에 들어온 북한 공산군(1950.7.)

소련제 T-34전차와 모터사이클을 앞세워 빠르게 남쪽으로 내려왔단다.

이 로켓포가 북한군의 소련제전차를 부술 수 있는 유일한 게임 체인저(Game Changer)였다냥!

3.5인치 로켓포 (1950.7.)

T-34 전차를 관통시키기 위해 특별히 개발된 대전차 로켓포의 위력은 대단했어.

포로가 된 딘 사단장

딘 사단장은 병사들과 함께 목숨을 걸고 싸웠지만 북한군의 공격으로 부대가 완전히 무너지고 말았지. 그리고 철수하던 중에 숨어있던 북한군의 기습으로 큰 피해를 입었고, 뿔뿔이 흩어지게 됐어. 이 과정에서 부상병에게 주려고 물을 뜨러 갔던 딘 사단장마저 실종되고 말았지. 병사들은 날이 밝자마자 계곡을 샅샅이 뒤졌지만 딘 사단장을 찾지 못했어. 딘 사단장을 찾기

포로 (捕虜)

전투 중에 사로잡은 적

위해 특공대까지 투입했는데, 오히려 북한군의 공격을 받아 대부분이 목숨을 잃게 된단다.

그런데 참 기가 막힌 일이 벌어진 거야. 길도 모르고 말도 통하지 않는 나라에서 딘 사단장은 물과 나무 열매로 버티다가 전북 진안의 한 산골 마을로 들어가게 됐어. 그 사이 체중이 86㎏에서 58㎏으로 줄었는데, 허름한 그를 본 한 주민이 북한군에 넘겨버리고 말았지. 그렇게 북한군 포로로 잡혀서 짐승과 같이 취급 받으며 모진 고문을 당하게 된단다. 다행히 휴전 후에 돌아올 수 있었지만 너무 큰 희생이었어. 그런데도 자신을 신고한 주민이 감형을 받을 수 있도록 탄원서까지 써 주는 인품을 가졌던 그에게 감사할 뿐이야.

**탄원서
(歎願書)**

사정을 하소연하여 도와주기를 간절히 바라면서 쓴 글

**딘 사단장이 파괴한
북한군 전차
(1950.7.20.)**

사단장임에도 불구하고 직접 북한군 전차를 공격했는데, 혼자 여러 대의 전차를 상대해야 할 정도로 엄청나게 힘든 싸움이었단다.

국군, 화령장 전투 승리로 자신감을 얻다

동락리 전투에서 거둔 최초의 승리

전투에서 연달아 패배하다보니 군인들은 물론, 국민들마저 의기소침해졌지. 그러던 중 들려온 동락리 전투 승리 소식은 축 쳐진 분위기를 끌어올리기에 충분했어. 당시 국군에게 큰 도움을 주었던 한 사람이 있는데, 바로 김재옥 선생님이야. 부임한 지 며칠 안 된 19살 여교사였는데, 피란을 떠나지 않고 시골 학교를 지키고 있었지. 그 학교가 바로 동락리의 동락초등학교였어. 7월 7일, 수많은 북한군과 수십 대의 전차들이 동락초등학교 운동장으로 들이닥쳤어. 그들은 "국군이 차를 타고 도망 갔다"는 한 주민의 말만 믿고, 경계를 푼 채 운동장에 진을 치고 있었지. 그 모습을 본 김재옥 선생님은 위험을 무릅쓰고 뒷문으로 빠져나와 4km쯤 떨어진 국군부대에 신고를 했어. 그 덕에 저녁을 먹느라 정신이 없던 북한군을 기습했고, 승리할 수 있었단다. 여기에서 빼앗은 무기는 유엔으로 보내졌고, 소련이 6·25전쟁에 개입했다는 증거물로 삼을 수 있었지.

동락리 전투는 한강 방어선이 무너진 뒤 최초로 승리한 전투였어. 이로 인해 북한군은 일주일동안 남쪽으로 더 내려가지 못했고, 국군은 천금 같은 시간을 활용하여 전열을 가다듬을 수 있었지.

의기소침
(意氣銷沈)
기운이 없어지고 풀이 죽음

전열
(戰列)
전쟁에 참가하는 부대의 대열

동락리 전투와 김재옥 선생님 이야기는 영화 '전장과 여교사'로 제작되었다냥!

낙동강 방어선을 만드는데 도움을 준 화령장 전투

국군은 경북 상주에서 방어선을 만들고 있었어. 대구로 이동하는 북한군이 상주 화령장을 지나간다는 첩보를 받고, 7월 17일부터 도로 주변 풀숲에 숨어 기다렸지.

며칠 후, 드디어 북한군이 모습을 드러내기 시작했어. 국군은 북한군이 휴식을 취하며 방심하고 있던 틈을 타 기습했고,

40분 만에 모든 상황이 종료되었단다. 그런데 이 사실을 모르는 또 다른 북한군이 같은 길을 지나가게 되었어. 매복 3일째 되던 새벽, 또 다시 북한군이 모습을 드러냈지만 공격하지 않고 기다리다가 포위망 중앙에 도달하자마자 기습으로 공격했지.

두 전투에서 북한군 600여 명이 죽었고, 50여 명은 살아있는 채로 잡혀 포로가 됐어. 그런데 국군 전사자는 단 4명뿐이었어. 국군의 피해를 최소화하고 북한군의 이동을 5일 이상 늦춰서 긴박한 낙동강 전선에서 방어선을 만들 수 있게 해준 아주 중요한 전투였지. 미국 군사고문관은 "30년 동안 이렇게 통쾌한 전투는 처음"이라면서 국군의 승리를 높게 평가했단다.

매복
(埋伏)
상대편의 움직임을 살피거나 불시에 공격하려고 일정한 곳에 몰래 숨어 있음

포위망
(包圍網)
빈틈없이 둘레를 에워싼 모양

전사자
(戰死者)
전쟁터에서 적과 싸우다 죽은 사람

화령장 전투 전승기념관
당시 전투가 있었던 화령초등학교(송계분교) 자리에 2018년 세워진 기념관이야.

대한민국을 구한 낙동강 방어선 전투

가장 치열했던 다부동 전투

북한군은 한 달 만에 우리 국토 90%를 점령했고, 우리는 더 이상 물러설 곳이 없었지. 이런 절박한 상황에서 부산 교두보를 만들기 위해서라도 낙동강 방어선은 반드시 지켜야만 했어. 워커(Walton H. Walker) 장군이 계획한 '낙동강 방어선'은 마산, 왜관, 상주군 낙동리, 영덕을 잇는 240㎞의 저지선이었어. 그 이름을 따 '워커 라인(Walker Line)'이라고도 불렀지.

교두보
(橋頭堡)
전투 중 적을 방어하거나 공격하기 위해 준비한 시설물이나 발판

저지선
(沮止線)
그 이상으로 넘지 못하도록 막는 경계선

북한군의 남하를 저지하기 위해 폭파한 왜관철교
북한군은 엄청난 전력으로 밀고 내려오고 있었어.

낙동강 방어선 전투에서 가장 치열한 전투가 있었던 곳은 경북 칠곡의 다부동이란다. 다부동이 뚫리면 임시 수도였던 대구가 위험해지는 상황이었지. 대구에서 밀양으로 이어지는 도로가 부산까지 연결되어 있었기 때문에 대구뿐만 아니라 부산까지 위험해질 수 있었어. 즉, 낙동강 방어선이 무너지면 대한민국 전체가 사라질 위기였던 거지. 이 사실을 잘 알고 있던 김일성은 "8월 15일까지는 반드시 부산을 점령하라!"는 명령을 내렸어. 그러니 북한군은 승부수를 걸어 엄청난 병력을 투입했던 거야. 국군도 북한군도 한 치의 양보 없는 치열한 싸움이 벌어질 수밖에 없었단다.

김일성은 수안보까지 내려와 빨리 점령하라고 다그쳤다냥

8월 3일, 낙동강을 건너는 왜관철교와 다리가 모두 폭파되었어. 한강다리를 폭파했을 때처럼 북한군이 남쪽으로 내려오는 것을 막으려고 다리를 무너뜨린 거야. 미군은 낙동강 서남부 평야지대를, 국군은 낙동강 상류 산악 지대를 맡아 철통같이 지키고 있으니, 북한군은 중간 지대인 다부동 지구를 집중적으로 노렸어.

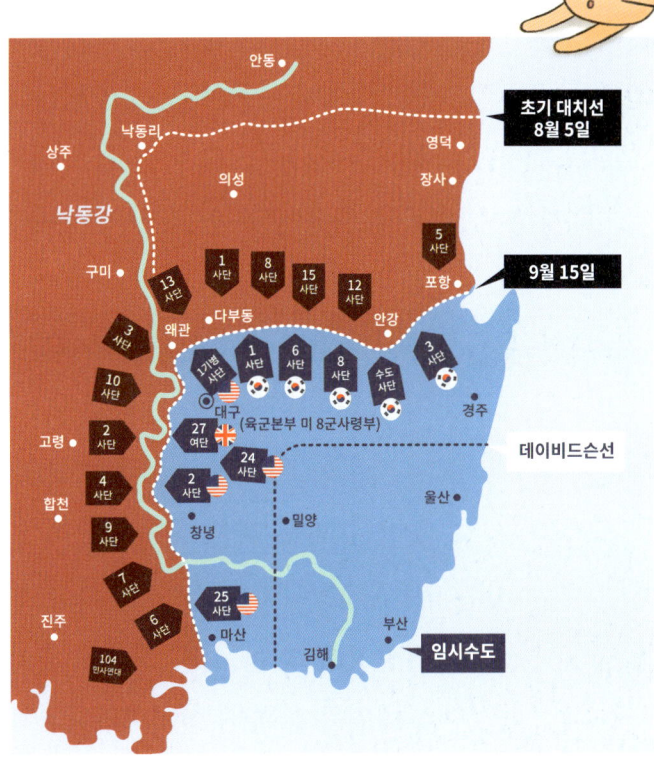

낙동강 방어선 배치도

융단 폭격
(絨緞爆擊)
많은 수의 폭격기가
일정한 지역을 대상
으로 철저하게 폭격
하는 일

초토화
(焦土化)
모든 시설이나 물자
를 적군이 이용할
수 없도록 모조리
파괴하거나 불을 질
러 없앰

백병전
(白兵戰)
칼이나 창, 총검 같
은 무기를 가지고
적과 직접 몸으로
맞붙어서 싸우는 전
투

국군은 위태로운 상황에도 불구하고 2주 동안 이어진 북한군의 끈질긴 공격을 끝까지 막아냈어. 워커 장군도 지원을 아끼지 않았고, 융단 폭격으로 낙동강 너머에 있는 적군을 초토화시켰지. 그러자 북한군은 포기한 듯 후퇴하는 모습을 보였지만 그건 속임수였단다. 그날 저녁, 전차부대를 동원해서 다시 다부동 전선을 공격했어. 그렇지만 미군의 지원으로 가까스로 위기에서 벗어날 수 있었지.

또한 천평동 계곡에서는 미군과 북한군의 전차 20여 대가 맞붙어 5시간 가까이 싸웠어. 양쪽이 쏘아대는 포탄이 시뻘건 불빛을 내면서 하늘을 가득 채웠고, 포탄 소리는 땅을 뒤흔들었지. 이 모습이 마치 볼링공이 구르는 모습과 볼링공이 볼링핀에 맞았을 때 나는 소리 같다고 해서 볼링앨리(Bowling Alley) 전투라고도 불렀단다. 이 전투에서 북한군은 1,300여 명의 병사를 잃었고, 수십대의 전차가 불에 타게 돼. 주도권을 잡은 국군은 다부동의 저항선이었던 유학산을 차지했는데, 9번의 백병전을 벌이며 얻어낸 소중한 결과였어.

다부동 계곡에 국군과 적군의 시신이 겹겹이 쌓였고, 낙동강 강물은 피로 붉게 물들었으니 얼마나 치열한 전투였는지 상상이 가지? 수백 명의 국군 사상자를 보충하기 위해 소총 쏘는 훈련만 겨우 받은 신입 병사들이 계속 들어왔어. 그러니 분대장은 분대원들 이름도 미처 다 외우지 못할 정도로 긴박한 상황이었단다. 그런 상황에서 국군과 미군이 함께 싸워 승리했다는 것은

무척 의미 있는 일이었지. 영어에 유창한 백선엽 장군이 있어서 의사소통이 잘 이루어졌고, 최고의 작전을 펼칠 수 있었어. 의미 있는 승리에 미 육군 참모총장 콜린스 대장과 미 8군 사령관 워커 중장, 신성모 국방부 장관은 직접 다부동을 찾아 용감히 맞서 싸운 장병들을 격려해주었단다.

8월 1일부터 9월 24일까지 55일 동안 벌어진 낙동강 방어선 전투에서 북한군을 잘 막아낸 덕분에 대한민국이 지도에서 사라질 뻔한 위기를 극복했어. 방어에서 공격으로, 후퇴에서 반격으로의 대반전을 이뤘지. 무엇보다 국군이 목숨을 바쳐서 싸웠기 때문에 미군도 우리를 믿고 끝까지 도왔고, 그래서 공산화를 막을 수 있었던 거야.

다부동으로 이동 중인 장병들
국군 1사단과 미군은 수십 차례의 밀고 당기는 전투를 벌여 북한군 3개 사단의 집요한 공격을 끝까지 막아냈어.

왜관 융단폭격작전
제2차 세계대전 이후 실시된 최대의 융단폭격으로 왜관 서북쪽 낙동강변일대 지역에 B-29폭격기를 이용하여 960톤의 폭탄을 투하했다.

천평 계곡 전투 (볼링앨리 전투)
북한군 전차부대를 박살 낸 최초의 한미 연합작전이다.

328고지 전투
백병전으로 12일 동안 고지 주인이 15번이나 바뀌었다. 국군과 북한군의 피로 낙동강이 붉게 물들었다.

유학산 전투
지게부대의 활약이 눈부셨던 전투였다.

융단 폭격(Carpet Bombing)이 뭐에요?

대규모 폭격기가 한 곳에 융단을 깔듯 많은 폭탄을 촘촘하게 떨어뜨려 초토화시키는 공중 폭격으로 적군의 전투 의지를 꺾어 버리는 역할을 한다. 1950년 8월 16일, 유엔군 사령관이 경상북도 왜관 서북쪽에 북한군 여러 부대가 빼곡히 모여 있다는 첩보를 받고, B-29 폭격기 98대를 보내 26분 동안 960톤의 폭탄을 떨어뜨려서 그 지역을 하나도 남김없이 파괴해 버렸다. 그렇게 북한군은 보급로와 통신망에 회복할 수 없는 손해를 입었다. 왜관 융단 폭격 작전으로 부산까지 단숨에 점령하겠다던 북한군의 전투력과 사기는 급격하게 떨어졌고 나중에는 유엔군의 비행기 소리만 들어도 겁을 먹었다고 한다.

융단 폭격을 성공하려면 날씨가 맑아야 했지만, 대구 지역에 비가 계속 내려 전략폭격기가 뜰 수 없었다.

융단 폭격을 하고 있는 B-29 폭격기
왜관 서북쪽 낙동강 주변 북한군이 모인 지역에 폭탄을 비처럼 퍼부었어.

보급로
(補給路)
작전 지역에 병기, 식량 따위의 보급품을 나르기 위한 모든 길

그런데 신기하게도 8월 16일 당일엔 구름이 싹 걷혔고 융단 폭격 작전에 성공할 수 있었다. 이때 이승만 대통령은 8월 14일부터 사흘간 낙동강 방어 구국기도회를 열어 날씨를 위해 간절히 기도했다고 전해진다.

"지금 공산세력이 당장이라도 낙동강 방어선을 뚫고 들어오기만 하면 대한민국이 공산화되는 것은 시간문제입니다. 공산세력의 궤멸을 위해 오키나와에서 B-29 폭격기가 떠서 융단 폭격을 해야 하는데 지금 계속되는 장마와 악천후의 날씨로 폭격기가 뜨지 못하고 있습니다. 그러니 하나님께서 좋은 날씨를 주시도록 기도해 주십시오."

당시 수많은 종교지도자들과 교인들이 부산초량교회에 모여 나라를 위해 기도 했다냥

미 8군 사령관 워커 장군의 리더십

워커 장군은 낙동강 방어선 전투에서 최고의 리더십을 보여주었어. 부하들을 격려하며 긴급한 전투부터 차근차근 풀어나갔지. 병력이 부족하면 지원부대, 행정병, 당번병을 투입하기도 했어. 또 예비부대가 투입되면 또 다른 예비부대를 만들어 만약의 사태를 대비했단다. 절박한 상황에서 필요한 곳에 병력을 보

행정병
(行政兵)
보급, 위생, 수송 따위의 전술과 전략을 제외한 모든 군사 사항을 관리하거나 운용하는 일을 맡아 보는 병사

당번병
(當番兵)
자질구레한 심부름을 맡아 하는 병사

예비부대
(豫備部隊)
작전상 전선의 후방에 위치하여 전방부대를 지원하거나 보충하는 부대

미 8군 사령관 워커 장군

'죽음으로 지키라'며 낙동강 방어선에서 최고의 리더십을 보여준 장군이야.

내는 것은 승패와 직접적으로 연결되기 때문이야. 서부전선 마산과 동부전선 포항이 빼앗겼을 땐, 죽기를 각오하고 싸웠어. 워커 장군의 이런 리더십은 부하들의 전투 의지를 높였지. 또한 이 소식이 임시 수도 부산에 전해지자 학생들은 자원하여 입대했고, 시민들도 목숨을 아끼지 않고 함께 싸웠단다.

백선엽 장군이 지키던 다부동 방어선이 뚫릴 위기에 놓였을 때, 북한군이 경북 영천을 점령해 국군의 보급로가 막혔을 때, 워커 장군은 바로 병력을 투입했어. 그래서 다부동 방어선도 안정을 찾았고, 영천도 지킬 수 있었단다. 워커 장군은 북한군의 압박으로 어려웠던 상황 가운데 낙동강 방어선에서 북한군의 공격을 막아내며 시간을 끌었어. 이로 인해 인천상륙작전이 성공할 수 있는 발판이 마련되었단다.

전쟁터에 가기 위해 입대하는 청년들 (1950.8.1. 부산)

치열했던 낙동강 방어선 전투의 병력 보충을 위해 젊은 남자들은 훈련소로 향했어.

백선엽 장군, 내가 물러서면 나를 쏴라

대한민국의 운명을 결정짓는 다부동 전투에서 백선엽 장군의 리더십도 빛을 발했어. 전투 초반, 국군이 밀리면서 1사단 장병들이 후퇴하기 시작했지. 미 8군 사령부 대령이 상황을 알아채고, 백선엽 장군에게 전화해 "한국군에게 무슨 일이 있느냐? 한국군이 도망치고 있다. 겁쟁이다. 싸울 의지는 있느냐? 없다면 미군도 철수하겠다"라고 항의했어. 우리가 물러서면 미군도 위험해지는 상황이었기 때문이지.

이에 깜짝 놀란 백 장군은 곧바로 전투 현장으로 달려갔어. 가보니 국군들이 고지에서 고립되어 이틀째 밥뿐만 아니라 물한 모금도 마시지 못하고 있었던 거야. 전투에 지치고 겁에 질린 병사들을 보며 피 맺힌 절규를 토해낼 수밖에 없었지.

백선엽 장군이 참모들과 작전회의를 하고 있는 모습

말을 마친 백선엽 장군은 권총을 뽑아 들고 앞으로 나가 싸웠어. 그러니 장병들도 그를 따라 목숨 걸고 싸웠고, 적군에 빼앗긴 448고지를 30분 만에 되찾을 수 있었지. 이 소식을 들은 마이켈리스(John H. Michaelis) 연대장은 백선엽 장군의 리더십과 용맹하게 싸우는 장병들의 모습에 감동했고, 한국군은 '신의 군대(Army of God)'라고 칭찬했어. 이를 계기로 미군과 국군은 다시 힘을 모아 낙동강을 지킬 수 있었단다.

448고지
바다 수면으로부터 448m 높이의 봉우리. 고지는 보통 전술적으로 유리한 상대적으로 높은 곳임

그동안 잘 싸워주어 고맙다.

우리는 더이상 물러설 곳이 없다. 더 밀리면 이 나라는 끝장이다. 우리가 갈 곳은 바다밖에 없다. 미군은 우리를 믿고 싸우는데, 우리가 후퇴할 수는 없다.

대한 남아로서 다시 싸우자. 지금 나라의 운명이 이 전투에 달렸다. 내가 제일 앞에 서서 돌격하겠다. 내가 물러서면 나를 쏴라!

목숨을 바쳐 부산 길목을 지킨 중대장들

8월과 9월, 북한군은 대구와 부산을 연결하는 도로를 끊으려고 애썼어. 이 보급로가 끊기면 국군은 물론 미군과 유엔군이 힘을 쓸 수가 없었기 때문에 공격을 퍼부어 한반도를 집어삼킬 작정이었지.

주력부대를 모아 경상남도 서부 지역을 집중적으로 공격했는데, 낙동강 건너편에 있던 창녕군 영산면이 공격 포인트였어. 영산은 밀양을 거쳐 부산으로 통하는 주요 길목이었고, 여기에서 승리하면 부산을 무너뜨리는 일은 시간 문제였던 거지. 그런데 부산이 무너지면 대한민국은 끝나는 거였어.

낙동강 전선에 참전 중인 미군이
대열을 정비하면서 공격을 준비하는 모습

박진 전투는 박진지구전투, 박진나루전투 혹은 창녕영산전투, 낙동강 돌출부 전투라고 불렀다옹!

사투
(死鬪)
죽기를 각오하고 싸우거나 죽을 힘을 다하여 싸우는 싸움

나루터
나룻배가 닿고 떠나는 일정한 곳

미군과 북한군은 한 달 이상 사투를 벌였어. 미군이 방어하던 창녕의 박진나루터를 건너 북한군이 공격해오니 아주 힘든 상황이었지. 그런데 미국은 해병대까지 투입하며 싸웠어. 그렇게 불리한 상황에서 벗어나 북한군을 낙동강 너머로 몰아냈단다. 그 후, 전열을 가다듬은 북한군이 또다시 공격해왔는데, 미군은 무려 17번이나 그 공격을 막아냈지. 하지만 이로 인해 미군 중대장이 잇달아 전사했고, 병력이 절반으로 줄어드는 치명타를 입었어. 유엔군의 값진 희생으로 낙동강 방어선이 지켜진 거야. 그렇게 국군이 반격할 수 있는 발판이 마련되어 인천상륙작전이 성공했고, 압록강까지 밀고 올라갈 수 있었지.

박진 전투 기념비
미군의 한 중대에서 중대장이 계속 전사하는 바람에 며칠 만에 서너 번이나
중대장이 바뀔 정도로 전투가 치열했단다.

군번 없는 학도병이 싸운 포항 전투

낙동강 방어선 전투에서는 하루만에도 국군 700여 명이 죽거나 다쳤어. 점점 병력이 부족해지니까 임시 수도였던 부산 시내에 나가 전쟁터로 와달라고 호소했지. 그렇게 교복을 입은 학생들도 전쟁터로 달려갔고, 이들을 학도병이라 불렀어. 이들은 정식 군인이 아니었기 때문에 군번이나 계급도 없었지. 단지 조국을 지키겠다는 애국심 하나로 전쟁터에 뛰어든 거야.

학도의용대 결성식 (1950.7.)
"오늘부터 펜을 총으로 바꾸어 대한민국의 초석이 되겠다"라며 학도의용대 대표가 선서했어.

학도병은 피란에 나섰던 학생들이 경기도 수원으로 모여 만든 비상학도대로 시작됐어. 하지만 기본적인 총검술 훈련도 한 번을 받지 못하고 북한군과 싸웠기 때문에 희생이 클 수밖에 없었지. 7천여 명의 학생들이 죽음으로써 조국을 지켜낸 거란다.

1950년 8월, 부산으로 이어지는 중요한 길목이었던 포항이 북한군에 점령됐어. 포항이 뚫리면 낙동강 방어선이 무너질 최악의 상황이었는데, 포항여중에 남아있던 학도병들이 북한군을 무찌르는 데 결정적인 역할을 해주었지.

다부동 전투에 투입된 학도의용군
나라를 위해 자신의 목숨을 아끼지 않았던 위대한 젊은이들이지.

학교에 고립된 학도병들과 소수의 군악대는 새벽 4시 반쯤 북한군의 기습을 받았어. 다음날까지 계속된 공격에 저항했지만 역부족이었지. 학도병 71명 가운데 48명이 죽고, 13명은 포로가 됐어. 하지만 이들은 11시간 이상 북한군 진입을 막아내며 다른 부대가 전투를 준비할 수 있도록 도왔지. 그 사이 시민들은 무사히 피란을 갈 수 있었단다.

학도병들이 목숨을 걸고 싸웠던 포항여중(현 포항여고) 교문 앞에는 전사한 병사 한 명, 한 명의 이름이 새겨져 있어. 학도의용군 6·25 전적비는 어린 학생들의 뜨거웠던 나라 사랑을 보

역부족
(力不足)
힘이나 기술 따위가 모자람

94

여주지. 그리고 이들의 애끓는 희생은 영화《포화 속으로》를 통해 세상에 널리 알려졌단다.

↑
포항여고에 있는
학도의용군 6 · 25 전적비
군사 훈련도 제대로 받지 못한 학생들이 나라를 지키겠다는 마음 하나로 목숨을 바쳐 싸웠단다.

← 영화 《포화 속으로》 포스터 (2010)

통영상륙작전과 귀신 잡는 해병대

낙동강 방어선은 최후의 저지선인 만큼 전쟁 내내 위태로웠단다. 포항, 영천, 왜관, 칠곡, 창녕, 마산에서 전투가 멈출 날이 없었지. 마산이 점령되면 진해, 김해를 거쳐 부산까지 한달음에 도달할 수 있었는데, 그걸 잘 알고 있는 북한군은 전차사단까지 투입했어. 우리라고 그 사실을 모를 리 없었지. 미 8군 사령관인 워커 장군은 위험을 직감하고 예비부대를 투입해서 막아냈단다.

마산이 막히자 북한군은 통영으로 방향을 틀었어. 통영을 지나 거제도와 진해를 거치면 부산으로 갈 수 있었기 때문이야. 북한군을 막기 위해 해병대 김성은부대는 거제도에 상륙하라는 명령을 받았지. 그런데 거제도보다는 통영으로 상륙하는 것이 유리할 것 같아 작전 변경을 건의했어. 3번이나 건의한 끝에 상부의 승인이 떨어졌지. 그렇게 해군의 도움을 받아 통영상륙작전을 펼쳤는데, 이것이 한국군 최초의 상륙작전이었단다.

통영에 상륙하는 해병대 김성은부대 (1950.8.) 통영상륙작전으로 '귀신 잡는 해병대'라는 별명이 붙여졌지.

김성은 부대는 인해전술과 전차까지 동원해 공격하는 북한 군을 여러 번 무찔렀고, 결국 승리했어. 북한군은 중국 팔로군 출신으로 장제스 군대와 싸웠던 노련한 군인들로만 이루어진 부대였는데, 우리 해병대가 그들을 무찔렀다는 건 전쟁 역사에 남을 만한 일이었단다. 당시 미국 「뉴욕 헤럴드트리뷴(New York Herald Tribune)」의 종군기자 마거릿 히긴스가 한국 해병대를 '귀신 잡는 해병대(They might capture even the devil)'라고 보도한 것으로 알려져 반복 인용되었어. 그리고 우리 해병대의 전투력을 눈여겨본 미군은 인천상륙작전에도 이들을 참여시켰지. 그런데 2024년 우리 해병대사령부가 「뉴욕 헤럴드트리뷴」 기사 원본을 확인 결과, 그 기사를 확인할 수 없었어. 이후 '귀신 잡는 해병대'란 애칭은 사용하지 않기로 했단다.

팔로군(八路軍)

항일 전쟁 때에 크게 활약한 중국 공산당의 주력군. 1937년 제2차 국공 합작 후의 명칭이며, 1947년에 인민 해방군으로 고쳐 부름

종군기자(從軍記者)

전쟁터에 나가 최전선이나 군의 상황을 보도하는 신문기자·카메라맨·작가 등의 특파원 기자를 말함

여성 최초로
퓰리처상을 받은 종군기자, 히긴스

한 종군기자가 6·25전쟁을 취재하기 위해 전쟁 시작 이틀 만에 김포공항에 도착했다. 베를린 봉쇄 사건 등 세계적인 특종을 취재한 미국 「뉴욕 헤럴드트리뷴」의 기자 마거릿 히긴스(Marguerite Higgins)였다.

그녀는 여성이라는 이유로 종군 취재에서 벽에 부딪히기도 했다. 인천상륙작전을 취재할 때, 미 해군은 함정에 여자를 태우지 않는다는 전통을 내세워 허가하지 않았다. 히긴스는 "여자가 아니라 뉴욕 헤럴드트리뷴 기자"라고 설득한 끝에 겨우 탈 수 있었다. 그녀는 인천상륙작전을 취재하기 위해 어렵게 함선에 탔지만, 함장의 푸대접을 받아 가며 심지어 갑판에서 잠을

히긴스 기자와 맥아더 사령관이 대화하는 모습

전선에서 취재하고 있는 히긴스 기자

자기도 했다. 이러한 눈물겨운 노력으로 1950년 9월 18일 자 「뉴욕 헤럴드트리뷴」에 인천상륙작전 기사 '붉은 해안(Red Beach)'을 쓸 수 있었다.

한국전쟁을 취재한 유일한 여성 종군 기자였던 히긴스가 쓴 '한국전쟁(War in Korea)'은 1951년 미국에서 출간된 이후 베스트셀러가 되었다. 그리고 같은 해에 인천상륙작전을 취재한 기사와 책 '한국전쟁' 등으로 여성으로서는 처음으로 퓰리처상을 받았다. 그리고 히긴스는 미국으로 돌아가, 전 지역을 다니며 전쟁 중인 한국을 돕는 데 앞장섰다. 히긴스의 책 마지막 부분에는 이런 문장이 있다.

> "한반도에서 우리는 준비하지 않은 전쟁을 치르면서 값비싼 대가를 치렀다. 또 승리는 큰 비용을 요구할 것이다. 그러나 그것은 패배할 때 치러야 할 비용보다는 훨씬 저렴할 것이다."

그녀는 제2차 세계대전, 한국전쟁, 콩고내전, 베트남전쟁 등 수많은 전쟁을 취재하며 많은 특종과 현장감 넘치는 기사를 썼다. 총알과 포탄이 날아다니는 전쟁터에서 병사들과 함께 발로 뛰며 취재한 것이다. 그러다 1966년 1월, 베트남전쟁을 취재하던 중 라오스에서 풍토병에 걸려 워싱턴 D.C. 미 육군병원에서 치료받다가 세상을 떠났다.

베스트셀러 (best seller)

어떤 기간에 가장 많이 팔린 물건. 여기서는 책

퓰리처상 (Pulitzer賞)

미국 언론인 퓰리처의 유산으로 제정된 미국에서 가장 권위 있는 언론상으로, 언론의 노벨상이라 불림

정말 멋진 기자 분이시다..!

낙동강 방어선을 지켜낸 의의

**기사회생
(起死回生)**

거의 죽을 뻔하다가
도로 살아남

한반도가 북한에 완전히 넘어가기 직전에 지켜낸 낙동강 방어선은 기사회생이라고 할 수 있어. 낙동강 방어선에서의 승리로 인해 전쟁이 방어에서 공격으로 180도 바뀌었거든. 만약 낙동강이 없었다면 북한군은 국군을 밀어내고 부산으로 단번에 들어왔을 거야. 또 워커 장군과 백선엽 장군이 아니었다면 더 쉽게 뚫렸을지도 모르지. 사실 낙동강 방어선이 무너지면 미국은 미군을 일본으로 옮길 계획이었다고 해. 그런데 목숨 걸고 싸우는 국군과 국민들의 모습에서 희망을 읽었던 거야.

낙동강 방어선 위치

북한군은 여러 전투로 큰 피해를 입었어. 그리고 남쪽으로 내려올수록 평양에서 점점 멀어지고 있었는데, 인천상륙작전으로 보급마저 차단되니까 힘을 잃을 수밖에 없었지. 생각해보니 낙동강은 우리나라의 공산화를 막아준 생명줄이요 버팀목이었어.

국보급 유물 지키기 대작전

　북한군의 공격에 밀려 낙동강 방어선을 준비하던 긴박한 상황에서 국립박물관은 국보급 유물을 어떻게 할 것인가를 놓고 고민했다.

　6월 29일, 북한 '조선 유물조사보존위원회'의 김용태가 국립박물관 서울 본관을 장악해 가치 있는 유물을 모두 포장하라고 지시했다. 국립박물관 관장이었던 김재원은 경무대 경찰서장에게 보고하고, 어떻게든 유물을 지키기 위해 노력했다.

　박물관 직원들은 유물을 포장하면서 "도자기 크기가 맞지 않는다", "불상은 머리 부분이 약하다" 등 갖가지 이유를 대며 상자를 풀었다 다시 싸면서 시간을 끌었다. 그러다 9월 15일 인천상륙작전이 성공한 뒤, 북한 측 사람이 도망가자 그제서야 안도의 한숨을 내쉬었다. 반면 9월 24일, 미군의 공습으로 경복궁에 있는 지광국사 현묘탑 등 일부 유물이 파괴되고 말았다. 다행히 덕수궁 미술관 지하창고에 보관하고 있던 핵심 유물은 피해를 입지 않았다.

　한편 국립박물관 경주 분관은 7월 25일, 금관총 금관과 허리띠 등 139점과 대구은행에 보관하고 있던 금괴까지 미국 샌프란시스코 '뱅크 오브 아메리카(BOA)'로 급히 옮겼다. 미국의 도움으로 지킬 수 있었던 문화 유산은 미국 8개 도시에서 '한국 국보전' 순회 전시를 마치고 1959년에야 안전하게 돌아올 수 있었다.

중공군의 불법 개입으로 유엔군이 후퇴할 때, 서울에 있는 국보급 유물은 또다시 위기를 맞게 되었다. 김재원 관장은 한국 문화재에 깊은 애정을 품고 있던 부산의 미국 문화공보원장 크네즈에게 도움을 요청했다. 그는 징계를 감수하면서 '극비 유물 후송 작전'을 펼쳤다. 그렇게 국립박물관 소장품 83상자, 덕수궁 미술관 소장품 155상자, 서울대 도서관 소장 도서 3,045권 등을 부산으로 무사히 옮길 수 있었다. 하지만 이로 인해 미군이 우리나라 국보급 유물을 약탈했다고 오해를 받기도 했으나, 그것은 사실이 아니다.

금관총 금제 허리띠

금관총 금관

황복사 터 출토 불상

미국으로 긴급 후송한 국보급 유물
미국의 도움으로 전쟁 중에 국보급 유물을 안전하게 보관할 수 있었어.

깜짝 냥냥 퀴즈!

"죽음으로 지키라(Stand or Die!)"를 외치며 낙동강 방어선을 지켜낸 장군 이름은?

정답 :

3

인천상륙작전과
북진

성공 확률 1/5000, 인천상륙작전

끝까지 자신의 신념을 지켰던 맥아더 사령관

맥아더 사령관은 낙동강 방어선에서 국군의 피해를 줄이고 전쟁의 흐름을 바꾸려는 작전을 세웠어. 이게 바로 그 유명한 인천상륙작전이야. 인천만으로 기습해서 북한군의 발을 묶으려고 한 거지. 그런데 미 합참의장 오마 넬슨 브래들리 장군뿐만 아니라 육군참모총장 콜린스 대장과 해군참모총장 셔먼 제독까지 대부분이 반대했어. 큰 규모의 함대가 상륙하기에 인천은 적합하지 않았지. 밀물과 썰물의 차이가 너무 크고, 뱃길도 좁았거든. 미 합동참모본부도 어떻게든 이 작전을 실행하려고 한다면 인천만은 피하라고 할 정도였어.

작전이 성공할 확률은 1/5000 정도였는데, 맥아더 사령관도

이 사실을 알고 있었지. 그런데 그는 모두가 반대하고 북한마저도 생각하지 못한 그 허점을 이용하려고 했어. 심지어 밀물과 썰물의 차이가 가장 많이 날 때 작전을 수행하자며 반대하는 모든 참모진을 몇 시간 동안이나 설득했지. 그리고 1950년 9월 15일, 마침내 인천상륙작전에 성공하게 된단다.

허점
(虛點)

주의가 미치지 못하거나 틈이 생긴 구석

금기사항
(禁忌事項)

마음에 꺼려서 하지 않거나 피하는 일의 항목이나 내용

> 모든 상륙전 교과서를 들춰봐라.
> 그 속에서 금기사항들만 추려봐라.
> 그게 바로 인천이다.
> 워싱턴(백악관)이 이 작전을
> 5천 분의 1의 도박으로 여기고 있다는
> 사실을 나도 잘 알고 있다.
> 나의 결의는 확고하다.

> 기필코 실행하겠다.
> 5천 분의 불가능성보다도
> 1의 가능성을
> 어디까지나 믿고 있다!

햄버거로
점심을 때우며
(working lunch)
회의를 강행했다냥

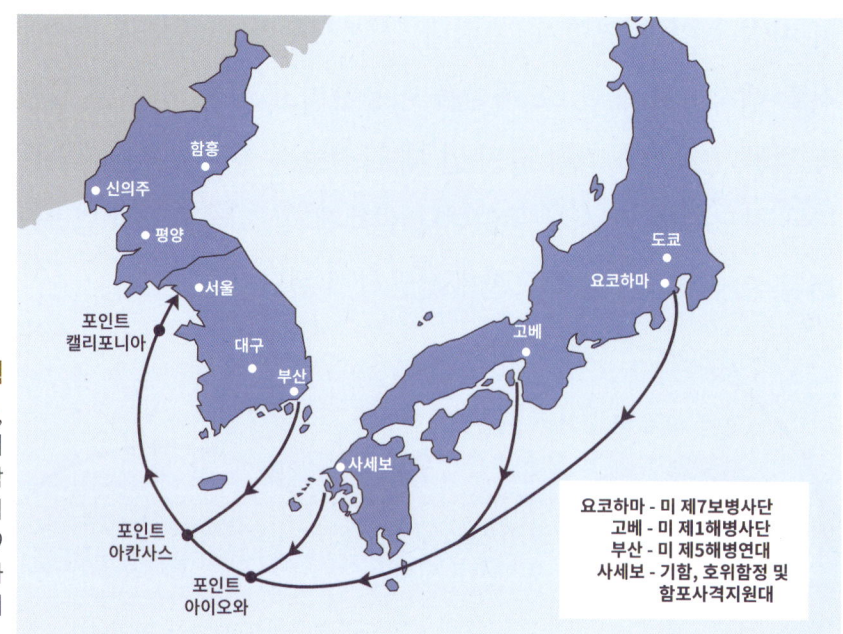

인천상륙작전 계획

9월 11일부터 요코하마, 고베, 사세보, 부산에서 차례로 출항한 유엔군 함정들은 포인트 캘리포니아에서 최종 합류했고, 9월 13일 인천으로 향하는 바닷길에 모습을 드러냈어.

지도 속 표시:
- 함흥
- 신의주
- 평양
- 서울
- 대구
- 부산
- 포인트 캘리포니아
- 포인트 아칸사스
- 포인트 아이오와
- 사세보
- 고베
- 도쿄
- 요코하마

요코하마 - 미 제7보병사단
고베 - 미 제1해병사단
부산 - 미 제5해병연대
사세보 - 기함, 호위함정 및 함포사격지원대

한솔

왜 하필 인천이었을까요?

첫째로, 인천은 서울에서 34km 떨어진 가까운 거리였어. 서울을 다시 차지하면 북한군의 기를 꺾어놓을 수 있었던 거야.

할아버지

또 모든 길은 서울로 통하니까 도로를 가로막아 끊어버리면 북한군이 식량과 탄약을 보급할 수 없게 되기 때문이지.

할아버지

한결

아하! 그렇구나!!

매킨리함에서
인천상륙작전을
지휘하는
맥아더 사령관
(1950.9.15.)
왼쪽부터 커트니 휘트니
준장, 에드윈 라이트 준장,
더글러스 맥아더 사령관,
알몬드 소장

한솔

그럼 참모진들은 왜 인천상륙작전을
반대했나요?

밀물과 썰물의 차가 7~9m로 매우 크고 배가 뜰 수
있는 밀물은 겨우 2시간밖에 유지될 수 없었고,

할아버지

바닷길이 좁아서 261척의 함정과 7만5천 명의
병력이 원활하게 움직일 수가 없었거든.

할아버지

한결

그럼에도 불구하고 인천을 고집한 이유는 뭘까요?

성공확률이 적었던 만큼,
북한의 허를 찌를 수 있었기 때문이지!

할아버지

위장 폭격으로 시작된 인천상륙작전(Operation Chromite)

50년 만에 밀물과 썰물의 차이가 가장 컸던 1950년 9월 15일 오전 6시 27분, 선발대에 "Let's go(가자)!"라는 명령이 떨어졌지. 그리고 8시쯤, 단숨에 월미도를 차지한 선발대로부터 "작전 완료! 적의 저항은 아주 적었음. 포로 45명. 전사 한 명도 없음." 이라는 첫 보고가 들려왔단다.

성공 확률 1/5000. 모두가 터무니없다고 말렸던 인천상륙작전을 보기 좋게 성공시켰어. 맥아더 사령관의 뛰어난 지도력과 정세 분석 능력이 빛을 발하는 순간이었지. 다른 곳에 상륙할 것처럼 거짓 정보를 흘리고, 북한군이 알아채지 못하도록 철저하게 보안을 지켰어. 또 북한군의 경계를 분산시키려고 군산에 특공대를 보내 항공 폭격을 했고, 북한의 진남포, 원산, 삼척 일대에는 함포 사격을 했지.

함포
(艦砲)

군함 즉 전투에 참여하는 배에 갖춘 대포

6·25전쟁의 가장 극적인 장면 (1950.9.15.)

인천상륙작전이 시작되고 무려 260척이 넘는 배가 7만 5천여 명의 병사를 태우고 인천 앞바다를 헤쳐 가고 있는 모습이야.

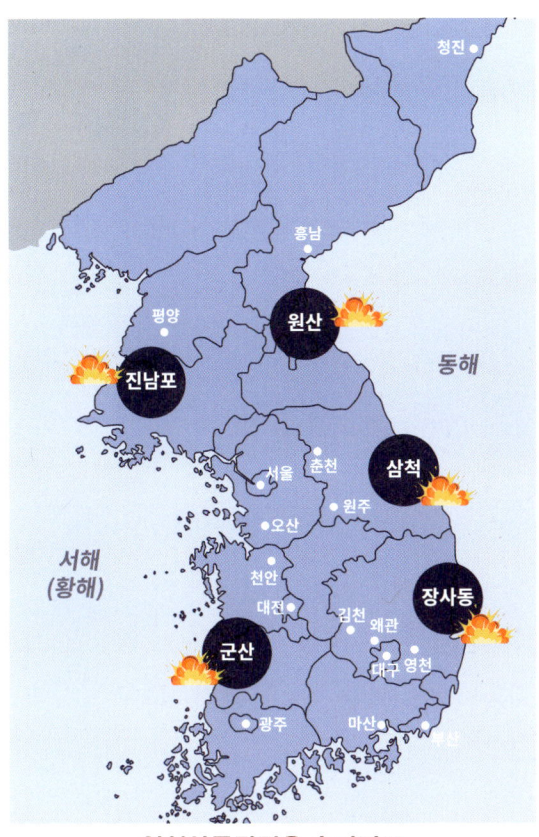
인천상륙작전을 숨기려고
여러 지역에서 벌인 위장 폭격

동해안 장사리 해변으로 학도병 772명을 실은 문산호를 보내 북한의 시선을 돌렸어. 이러한 전술을 양면작전 또는 성동격서라고 부르는데, 동쪽에서 소리쳐 적의 시선이 쏠리게 한 다음, 허점이 되는 서쪽을 공격한다는 뜻이야. 북한군이 동해안 공격에 집중하는 사이 인천상륙작전이 진행되어 성공했지만, 문산호에 타고 있던 학도병들이 희생되는 큰 슬픔은 감수해야 했지.

독 안에 든 쥐 같은 신세가 된 북한군은 낙동강 방어선에서 마지막 공세를 퍼부으며 끈질기게 저항했어. 하지만 곧 보급로가 끊기면서 식량, 무기, 의복, 의료품 같은 지원이 끊겼고, 위에서 치고 내려오니까 북으로 달아나기 바빴지. 그렇게 인천상륙작전이 성공한 지 13일 만에 드디어 서울을 되찾게 된단다.

우리나라를 구한 인천상륙작전은 대한민국 15척, 미국 225척, 영국 12척, 캐나다 3척 등 전함 261척과 군인 7만 5천 명이

문산호

6·25전쟁때 활약한 전차상륙함. 전차와 군용차량 및 병력 등을 수송하여, 상륙작전을 위해 사용되는 특별한 군용함정을 전차상륙함이라 부름

성동격서 (聲東擊西)

동쪽에서 소리를 내고 서쪽에서 적을 친다는 뜻으로, 적을 유인하여 이쪽을 공격하는 체하다가 그 반대쪽을 치는 전술을 이르는 말

인천 해안에 상륙하는 LST(1950.9.16.)
하루 2회씩 5일간, 총 10회에 걸쳐 병력, 물자, 장비 등의 상륙작전을 진행했단다.

함께 했어. 무엇보다 작전 성공으로 유엔군 10만 여 명을 구할 수 있었고, 대한민국이 공산화되는 것을 막을 수 있었지. 국군과 유엔군은 기세를 몰아 북한군을 압록강과 두만강까지 밀어 붙였어. 깜짝 놀란 김일성은 중국으로 도망갔고, 수도를 압록강 변으로 옮기게 된단다.

꽃다운 청춘의 피로 지켜지다, 장사상륙작전

인천상륙작전에 성공하려면 북한군의 시선을 서해에서 동해로 돌려야 했기에, 경북 영덕군 장사리 해변에서 작전이 진행되었다.

작전 하루 전인 9월 14일, 학도병 772명과 지원병 56명은 문산호를 타고 장사리에 상륙해서 전투를 벌였는데, 안타깝게도 139명이 전사하고 92명이 다쳤으며 실종자도 많이 발생했다. 학도병 대부분은 기초 훈련만 겨우 받은 10대 소년들이었고, 식량과 총알은 사흘 치 뿐이었다. 게다가 태풍으로 배가 암초에 얹혔고, 상륙 과정에서 북한군의 공격을 받아 많은 희생이 있었다. 그러나 이들이 포항과 영천 방면을 차지해 북한군의 시선을 끌 수 있었다. 인천상륙작전은 어린 학도병들의 큰 희생을 토대로 성공할 수 있었던 것이다. 장사상륙작전은 외부에 드러내서는 안 될 중요한 비밀로 오랫동안 유지되었다. 그러나 1997년, 작전 중 사용됐던 문산호와 유해가 발견되면서 비로소 세상에 알려지게 되었다.

장사상륙작전 전승기념공원
장사상륙작전에 사용된 상륙선 LST 문산호를 그대로 다시 만들어 영덕 장사 해변에 세웠어.

장사상륙작전 당시를 재현한 조형물
꽃다운 10대 소년들의 큰 희생으로 이 나라가 지켜졌지.

암초(暗礁)
물속에 잠겨 보이지 아니하는 바위나 산호

유해(遺骸)
시체를 태우고 남은 뼈. 또는 무덤 속에서 나온 뼈

인천상륙작전의 숨은 영웅, 켈로부대

인천상륙작전은 국군과 미군이 함께 한 켈로(KLO: Korea Liaison Officer)부대의 역할도 컸어. 비밀리에 북한군의 움직임을 수집하는 특수부대원들이었지. 이들은 작전을 위해 영흥도로 파견되어 정보를 수집했고, 공격을 시작하기로 한 9월 15일 00시 30분까지 팔미도 등대에 불을 밝히는 임무를 받았어.

북한군의 끈질긴 방해를 물리치고 14일 저녁 11시 30분 쯤 팔미도 등대를 점령했지만, 등대에 불이 들어오지 않았지. 북한군이 도망가면서 부품 하나를 빼버렸던 거야. 캄캄한 밤에 손전등 하나로 샅샅이 뒤져 2시간 만에 나사 하나를 찾아냈고, 가까스로 불을 밝힐 수 있었단다.

인천상륙작전 당시 월미도로 상륙하는 미 해병대의 모습

맥아더 사령관은 매킨리함에서 등대에 불이 들어오길 초조하게 기다리고 있었어. 9월 15일 01시 50분, 마침내 등대불이 켜지고 미국 성조기가 올라가자 맥아더는 인천상륙작전을 명령했지. 대기하고 있던 함정들이 움직

매킨리함 (Mount McKinley)
풀네임은 마운트 매킨리함으로 제2차 세계대전 당시 만들어진 미국 해군의 지휘함 8척 중 하나

이기 시작했단다.

　켈로부대가 밝힌 팔미도의 불빛은 대한민국의 새로운 역사를 가능케 한 승리의 빛이었어. 전쟁을 치르면서 위기의 순간마다 목숨을 걸고 임무를 수행한 용사들이 있었기에 오늘날 우리는 자유를 맘껏 누릴 수 있게 된 거란다.

10만 명의 인명 피해를 줄여준 인천상륙작전

만약 맥아더 사령관이 인천상륙작전을 시도하지 않았거나 실패했다면, 또 낙동강부터 38도선으로 정면 돌파했다면 어땠을까? 아마 끊임없는 전투가 일어났을 것이고, 한국을 돕기 위해 파병된 유엔군이 10만 명 이상 피해가 났을 거야.

그래서 맥아더 사령관은 '모루와 망치'라는 전술을 사용했지. '아무리 강한 쇠도 모루에 대고 망치로 두들겨대면 꺾인다'는 원리에서 나온 거란다. 보병부대가 적을 상대하며 시선을 모은 동안 기병대는 망치로 두들기듯 뒤에서 치고 들어오는 전술이 마치 모루 위에 쇠를 얹어놓고 망치로 때리는 행위와 비슷하다 해서 붙혀진 이름이야.

모루
대장간에서 불린 쇠를 올려놓고 두드릴 때 받침으로 쓰는 쇳덩이

보병부대
(步兵部隊)
육군의 주력을 이루는 전투부대

기병대
(騎兵隊)
말을 타고 싸우는 부대

유엔(UN)군

북한군

인천상륙작전부대

앞뒤로
공격하는
포위
전술이다냥

인천항에 장비를 내려놓은 연합군 LST함 (1950.9.16.)
인천상륙작전 다음 날 인천항 레드 비치에 4대의 전차상륙함(LST)이
미군 인력과 장비를 내리고 있어.

이 작전을 실행하기에는 많은 어려움과 위험이 뒤따랐어. 인천항으로 들어가는 뱃길은 좁고, 밀물과 썰물의 차가 컸거든. 게다가 물이 해변가로 밀려와 군함이 들어갈 수 있는 시간은 2시간뿐이었지. 이런 상황에서 기습에 성공하기 위해선 북한군에 대한 정보가 필요했단다. 그래서 맥아더 사령관은 첩보대를 인천으로 보냈어. 인천은 북한이 차지하고 있던 곳인데, 그곳으로 목숨을 걸고 들어간 거란다. 그렇게 북한군이 설치한 해안포 위치와 병력 규모, 땅에 묻힌 폭탄 위치, 방어 시설 같은 정보를 얻었지. 모든 정보를 종합해서 작전을 진행하며, 전세를 역전시켰어. 그리고 상륙 성공 보름 만에 국군과 유엔군은 38도선 남쪽을 모두 되찾았단다.

해안포
(海岸砲)

주로 적의 함선을
쏘기 위하여, 해안
요새에 설치한 대포

전세
(戰勢)

전쟁, 경기 따위의
형세나 형편

나라를 위해 사단장을 포기한 백인엽 대령

인천상륙작전에 한국군은 17연대와 해병대가 참가했다. 17연대는 7월 중순, 경상북도 상주의 화령장 전투에서 북한군을 크게 무찔렀던 부대이고, 해병대는 '귀신 잡는 해병대'라는 별명을 들을 정도로 잘 싸웠다.

17연대장에 선발되었던 백인엽 대령은 사단장직을 내려놓고, 2단계나 낮은 연대장이 되었다. 사단장은 3개의 연대를 지휘하는 중요한 자리인데 인천상륙작전만을 위해서 사단장이 연대장으로 내려왔다는 것은 이례적인 일이라고 할 수 있다.

당시 신성모 국방부 장관이 "사단장을 하던 사람이 연대장을 하라면 할 수 있겠는가?" 라고 물었는데, 백인엽 대령은 "조국을 구하는 일에 연대장이면 어떻고, 중대장이면 어떻습니까?"라고 대답했다. 그렇게 그는 인천상륙작전과 서울 탈환 전투에 참여했고, 큰 공을 세우게 된다.

탈환
(奪還)

빼앗겼던 것을 도로
빼앗아 찾음

**인천상륙작전에
참전 중인 해병대**
월미도를 바라보면서
상륙의 순간을 기다
리고 있는 모습이야.

아름다운 로페즈(Baldomero Lopez) 중위 이야기

미 종군기자 마거릿 히긴스가 찍은 이 사진에는 많은 사연이 담겨 있단다.

맨 앞에서 사다리를 타고 올라가는 군인이 미 해병대 발도메로 로페즈 중위야. 방어벽을 넘어 공격하기 위해 부하들을 이끌고 사다리로 다가갔지. 이들은 용감한 해병대였지만 북한군이 쏘아대는 기관총 소리에 선뜻 발을 내디딜 수가 없을 때, 로페즈 중위가 앞장서서 방어벽 위로 힘차게 올라갔어. 그리고 적들을 향해 수류탄 한

**인천항 방파제를 넘어 공격하는
미 해병대원들(1950.9.15.)**
사다리에 올라 등을 보이는 군인이 로페즈 중위야.
이 사진이 촬영된 직후 그는 전사했단다.

발을 던지고, 다시 한 발을 던지려고 안전핀을 뽑았지. 바로 그 순간, 북한군이 쏜 총에 어깨와 가슴을 맞아 수류탄을 떨어뜨린 거야. 안전핀이 뽑힌 수류탄은 5초 후에 폭발하는데, 그러면 부하들의 목숨이 위태로워질 게 뻔했어. 절체절명의 순간, 몸을 날려 수류탄 위로 엎드려 버렸지. 고작 25살이라는 어린 나이에 부하들을 살리고 자신은 죽는 길을 선택했던 거야.

그에게 미국 최고의 명예 대훈장이 주어졌는데, 그 훈장에는 '다친 오른팔을 움직여 수류탄을 끌어안아 폭발에 따른 모든 충

**절체절명
(絕體絕命)**
몸도 목숨도 다 되었다는 뜻으로, 어찌할 수 없는 절박한 경우를 비유적으로 이르는 말

격을 다 흡수했다'라고 적혀있어. 종군기자 히긴스가 촬영한 사진과 함께 알려진 로페즈 중위 이야기는 수많은 사람들의 가슴을 울렸단다.

되찾은 서울과 중앙청에 걸린 태극기

중앙청
(中央廳)
대한민국의 행정부가 모여 있던 건물. 일제 시대에 조선총독부 건물로 사용되던 것을 광복 후 중앙청으로 바꿔부르며 정부 청사로 사용하다가 1996년에 철거됨

1950년 9월 28일, 서울의 심장인 중앙청 국기대에 내걸렸던 북한 인공기가 3달 만에 다시 태극기로 바뀌었어. 인천상륙작전이 성공했어도 서울에 진입하는 것은 쉽지 않았지. 북한이 서울을 뺏기지 않으려고 거세게 저항했거든. 그리고 결국 북한군의 최후 방어선이었던 연희 104고지를 다시 차지했고, 서울을 되찾을 수 있었어. 미군은 이 전투에서 비로소 한미 연합 작전을 신뢰하게 됐지.

서울 시내에 진입한 유엔군이 소탕전을 벌이면서 서대문 방향으로 진격하고 있는 모습
AP통신 맥스 데스퍼 기자가 촬영했지.

서울 수복 당시 모습 (1950.9.28.)
국군의 서울 수복을 환영하는 서울 시민들의 모습이야.

 국군과 유엔군은 중앙청으로 진격하면서 북한군이 만든 방어벽을 무너뜨렸어. 이승만 대통령은 국군이 직접 중앙청에 태극기를 달아주었으면 했고, 간절한 소망이 해병대에 전해졌지. 박정모 소위와 소대원들은 태극기를 가슴에 품고 중앙청으로 달려가 북한군을 모조리 무찔렀어. 그리고 9월 27일 새벽, 중앙청 국기대에 태극기를 달았단다.

 9월 27일, 인공기가 걸렸던 자리에 태극기가 펄럭이는 모습을 보고 서울 시민들은 감격했어. 남아있던 교회와 건물에서도 종이 울리고 만세 소리가 울려 퍼졌지. 맥아더 사령관은 북한군이 물러간 서울이어도 어느 정도 미국의 개입이 필요하다고 생각했지만, 이승만 대통령을

서울을 되찾아 중앙청에 태극기를 거는 국군
온 국민의 바람대로 대한민국 심장부에 태극기를 다시 내건 감격적인 순간이란다.

한강에 간이 다리를 설치하고 있는 미군 부대
북한군이 강 건너에 있어 위험한데도 맥아더 사령관은
짧은 시간 내에 간이 다리를 만들도록 명령했어.

깊이 신뢰했기 때문에 바로 통치권을 넘겨주었단다. 그리고 이 대통령이 편하게 서울 수복 기념식에 참석할 수 있도록 한강에 간이 다리를 완성하라고 지시했어. 한강 건너편에 북한군 일부가 아직 진을 치고 있었기 때문에 정상적인 다리는 만들 수 없었거든. 미군은 저항하는 북한군과 싸우면서도 명령을 완수했지. 그렇게 이승만 대통령과 맥아더 사령관은 무사히 한강을 건너 기념식에 참석

간이
(簡易)
간단하고 편리함

할 수 있었던 거야.

이승만 대통령은 서울을 되찾아 통치권을 빠르게 돌려준 맥아더 사령관에게 진심으로 고마워했어. 서울 수복 기념식에 참석한 시민들은 가슴이 벅차서 눈물을 흘렸고, 독실한 크리스천이었던 맥아더 사령관은 이렇게 말했지.

"자비로운 하나님의 보호하심으로 인류 최대의 희망과 열정의 상징인 우리 유엔군은 여기 대한민국의 오랜 수도 서울을 되찾았습니다. 이제 서울은 악랄한 공산주의의 압제에서 벗어났습니

다. 시민들은 대한민국의 자유와 존엄성을 누리게 되었으며, 다시는 잃지 않으리라는 굳은 신념을 가지고 생활할 수 있게 되었습니다. 하나님 감사합니다."

중앙청에서 열린 서울 수복 기념식(1950.9.29.)
서울을 적에게 빼앗긴 지 90일 만에 되찾은 감격적인 순간이야.

38도선 돌파와 북진 작전

힘들었지만 감격스러운 38도선 돌파

낙동강 전선에 집중되었던 북한군은 보급로가 막히자 빠르게 무너져 갔어. 유엔군은 마산-군산과 대구-서울 방향으로,

국군은 영천-춘천과 포항-강릉 방향으로 북한군을 몰았지. 그렇게 9월 30일, 꿈에 그리던 38도선을 되찾았단다. 그런데 유엔군 지휘부는 군 전체에 38도선 이상은 넘지 말라고 지시했어. 38도선을 넘게 되면 소련군이 참전할 가능성이 있었고, 그러면 제3차 세계대전으로 번질 것을 우려했던 거야.

하지만 한반도가 통일될 수 있는 기회라고 생각한 이승만 대통령은 미국에 38도선을 넘어 북진할 수 있도록 도와달라고 했어. 그 의견을 맥아더 사령관은 지지했지만, 트루먼 대통령은 반대했지. 이때부터 맥아더 사령관과 트루먼 대통령 사이는 금이 가기 시작했단다.

국군은 유엔군의 명령을 따라야 할지, 이 대통령의 명령을 따라야 할지 입장이 참 곤란했어. 그때 미 군사고문관 제임스 하우스만(James H. Hausman)이 '긴급추적권'이 있다는 사실을 알려줬지. 긴급추적권은 외국군이나 선박이 우리 바다 안에서 범죄를 저지르고 도주하면 공해상에서 그 선박을 잡을 수 있는 권한이야.

공해상
(公海上)
어느 나라에도 속하지 않으며, 모든 나라가 공통으로 사용할 수 있는 바다의 위

정일권 육군참모총장은 워커 장군에게 '긴급추적권'을 제안하며, 국군이 38도선 너머에 있는 북한군 포병으로부터 막대한 피해를 입었으니 공격할 수 있게 해달라고 요청했어. 워커 장군은 그리 내키지 않았지만 결국 승인해주었지.

긴급 추적권을
이용해서 위로 올라
갈 수 있었다냥!]

이승만 대통령의 북진 명령을 새겨놓은 전쟁기념관 내부 모습
미국은 38도선까지만 되찾고 전쟁을 끝내길 원했지만,
이승만 대통령은 같은 민족인 북한을 공산주의자들 손에 내어줄 수 없었단다.

국군의 날은,
1949년 10월 1일
공군이 창설 후
육해공군이
모두 편성된 날로
선정한거다냥.

　　10월 1일, 강원도 양양에서 국군 3사단이 38도선을 넘어가자 다른 사단들도 기다렸다는 듯이 빠르게 북쪽으로 올라갔어. 그리고 10월 7일, 한반도의 통일을 위해 유엔군도 함께 하기로 결정했지. 이 일은 긴급추적권 덕분에 국제 외교 문제로 번지지 않았어. 우리 정부는 38도선을 넘어 첫 발을 디딘 10월 1일을 '국군의 날'로 정해서 기념하고 있단다.

**38도선을 돌파하여
북진하고 있는 국군 장병들**

국군 3사단이 38도선을 넘으면서 찍은 기념사진 (1950.10.1.)

'당신은 지금 국군 3사단에 의해 돌파된 38도선을 통과하고 있다'라고 적힌 영어 표지판이 보이지? 옆에 서있는 미군은 3사단과 함께 근무한 미군고문단이야.

맥아더의 전략적 실수, 원산상륙작전

미 10군단은 서울을 되찾고 평양으로 전진하고 있었어. 그런데 인천으로 되돌아와 서해안, 남해안, 동해안을 빙 돌아서야 원산에 도착할 수 있었지. 인천에서 원산까지 항해 거리가 약 2,000km 였는데, 장거리 항해로 인해 북한군에게 작전이 들통나버린 거야. 북한군은 소련의 지원을 받아 원산 앞바다에 기뢰 3,000개를 깔아 놓았어. 기뢰를 제거하는 동안 미 10군단은 원산 앞바다에서 기다려야만 했지. 엎친 데 덮친 격으로 기뢰 제거 함정이 침몰하면서 3주라는 시간이 지나서야 원산에 상륙할 수 있었단다. 천금 같은 시간을 바다에서 날려버린 거야.

기뢰 (機雷)
적의 함선을 파괴하기 위하여 물속이나 물 위에 설치한 폭탄

원산 앞바다에서 기다리고 있던 군인들은 얼마나 지겨웠을까옹?
계속 바다 위에 있으니 멀미도 나고 말이다냥!
그래서 이 작전을 YOYO(멀미)작전이나 하품작전이라 부르기도 한다옹~!

10군단이 곧바로 평양으로 올라갔다면 전쟁의 흐름은 크게 바뀌었을지도 몰라. 하지만 맥아더 사령관의 명령에 따라 원산으로 갈 수밖에 없었지. 인천상륙작전에 성공한 맥아더 사령관의 고집을 아무도 꺾을 수 없었거든. 이때 중공군 25만 명은 이미 압록강을 넘어서 장진호 일대에서 미군을 기다리고 있었어.

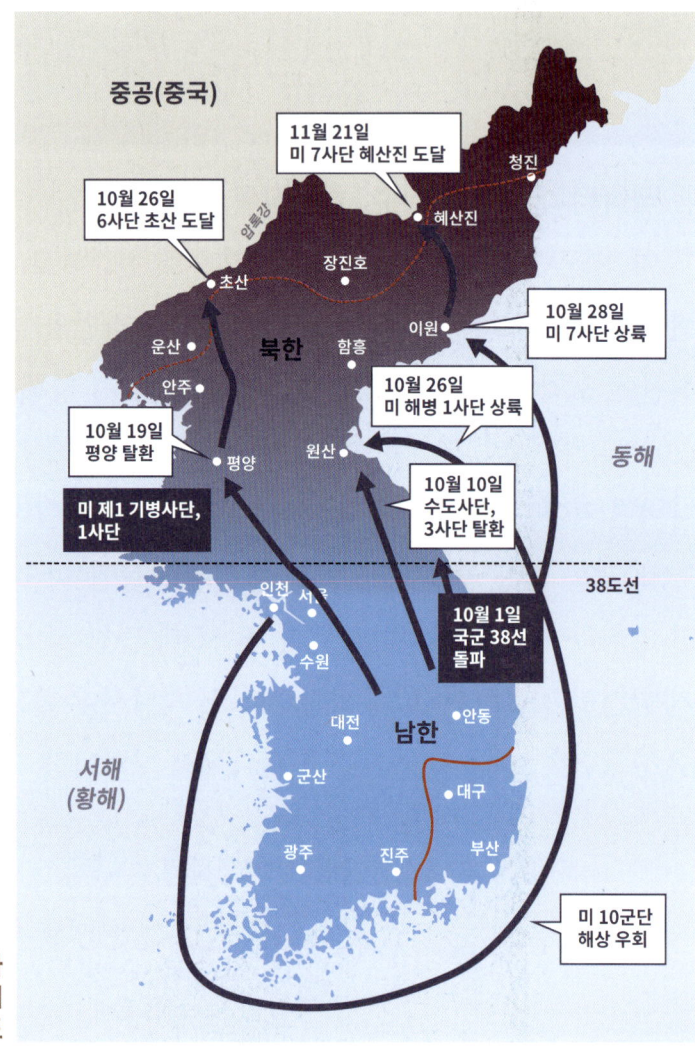

으아아!
어떡해!!!

한반도를 2,000km나 돌아간 원산상륙작전의 무모함이 잘 나타난 지도

맥아더의 북진 계획과 평양 탈환 작전

38도선을 넘어 북진한 국군의 첫째 목표는 평양을 점령하는 것이었지. 국군과 미군은 평양에 먼저 들어가기 위해 경쟁을 했어. 적군의 수도인 평양을 먼저 차지하는 것에 군인의 명예가 달려 있었기 때문이야.

처음 작전은 서쪽과 동쪽에 있던 미군이 나란히 공격하고, 국군은 후방에서 남은 적군을 모조리 없애는 것이었지. 작전대로라면 국군은 먼저 평양에 들어갈 수 없었

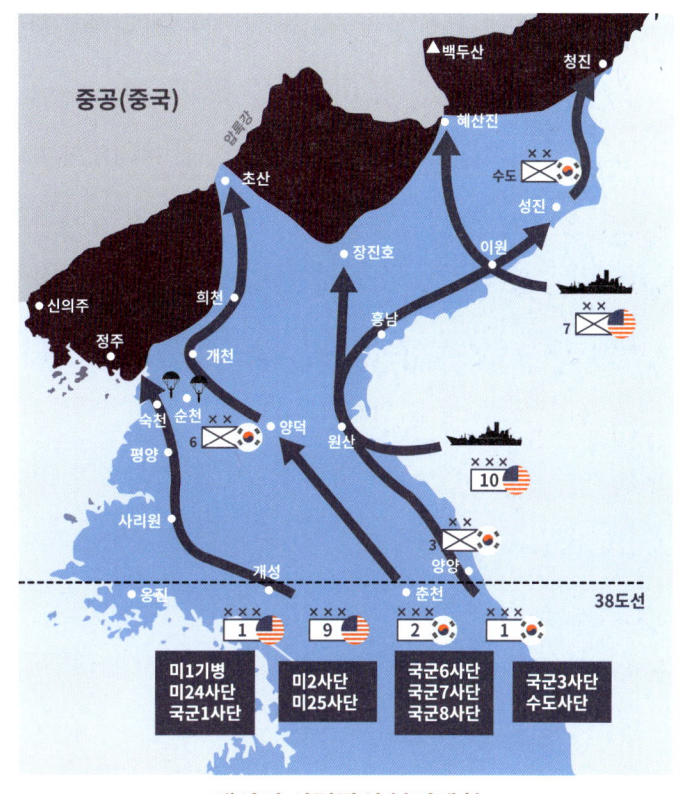

맥아더 사령관의 북진계획

어. 그래서 백선엽 장군은 밀번(Frank W. Milburn) 군단장을 찾아가 작전명령을 변경해 달라고 부탁했지.

백선엽 장군 : 이번 평양 공격 작전에 우리 국군이 직접 참여하지 못하게 된 것은 정말 이해할 수 없습니다. 다시 생각해주십시오.

밀번 군단장 : 장군! 지금 작전명령을 바꿀 수는 없소. 시간도 없지

만, 국군 1사단은 차량이 적어 빨리 움직일 수 없단 말이오. 맥아더 사령관은 신속하게 평양에 들어가길 원하고 있소.

백선엽 장군 : 장군! 우리에게 차량이 많지 않다는 것은 사실이나, 우리는 밤낮으로 행군할 의지가 있습니다. 그리고 평양은 제 고향이라 그곳의 지리를 누구보다 잘 알고 있습니다. 기회를 주십시오!.

청일전쟁
(淸日戰爭)

1894~95년, 조선에 대한 지배권을 둘러싸고 청나라(중국)와 일본 사이에 벌어진 전쟁

백 장군은 청일전쟁에서 일본 군대가 움직인 경로까지 예로 들면서 설득했어. 이 모든 것이 국군의 명예와 직접적으로 연결되는 문제라는 것을 잘 알고 있던 밀번 군단장은 그의 간절함을 알아주었지. 결국 작전 지역을 바꿔주었던 거야.

여기서 임진강 전투란 6 · 25전쟁 초기 임진강 일대에서 무기까지 버리고 후퇴했던 일을 말한다옹!

백선엽 장군

"나는 임진강 전투 이후 쓰라린 후퇴를 겪은 전우들과 나라를 지키다 전사한 전우들의 명예를 되찾아 주려고, 또한 일개 월남민으로 내려와 국군의 장성이 된 내가 고향을 수복하는 데 앞장서야 한다는 일념에서 그냥 물러설 수만은 없었다."

"우리 사단이 맨 앞에 서서 평양으로 진격한다!"
국군 장병들은 작전명령이 바뀌었다는 말을 듣고 너무 좋아

했단다. 하지만 기동력이나 화력은 미군에 미치지 못했기에 밀번 군단장에게 전차 20대를 요청했고, 24시간 동안 교대로 운전하면서 올라갔어. 평양까지 거리는 170㎞ 정도였는데, 전차의 속도로는 좀 빠른 하루 평균 25㎞ 속도로 나아간 거야.

기동력
(機動力)
상황에 따라 재빠르게 움직이거나 대처하는 능력

화력
(火力)
총포 따위의 무기의 위력

백선엽 장군

"우리는 낙동강에서 다부동을 승리로 이끌고 이곳까지 반격했다. 이제 우리는 가장 선두에서 싸우면서 평양으로 향하게 되었다. 이 명예는 누구에게도 빼앗길 수 없다. 평양에 가장 먼저 들어가는 영광스러운 명예에 목숨을 걸어야 한다. 그러나 불행히도 우리에게는 차량이 많지 않다. 걸을 수밖에 없다. 미군이 쉴 때도 우리는 계속 걸어야 한다. 내가 맨 앞에서 걷겠다!"

백 장군은 북한군을 만나면 미군에 공중 폭격을 요청하거나 포병의 화력으로 제압했지. 그리고 다같이 마음을 가다듬으며 '우리는 전진한다'라고 외치며 나아갔고, 미군들도 덩달아서 'We go!'라고 외쳤단다.

백선엽 장군은 어렸을 때, 친구들과 대동강에서 물놀이를 자주 했기 때문에 어느 쪽이 물이 깊고 얕은지 잘 알고 있었어. 그래서 어두운 밤, 얕은 곳을 통해 대동강을 건너 미군보다 먼저 평양에 도착할 수 있었지.

지금 한미연합사령부에서 쓰고 있는 구호 '같이 갑시다(We go together)!'가 여기서 시작된 거다냥!

밀번 군단장과 작전을 협의하고 있는 백선엽 장군 (1950.10.19.)

백선엽 장군에게 설득된 밀번 군단장은 원래 작전계획을 바꿔 국군 1사단에게 평양 입성의 기회를 주었지.

10월 19일, 국군과 미군은 평양 대동교 입구에서 만나기로 했어. 국군보다 40분 늦게 도착한 밀번 군단장은 백 장군을 끌어안으며 평양 입성을 축하했지. 그리고 같은 날 오후, 국군 7사단도 대동강을 건너 평양에 입성했고, 사기가 오른 국군은 압록강을 향해서 빠르게 치고 올라갈 수 있었단다. 이렇게 1사단이 가장 먼저 평양에 들어간다는 약속을 지킬 수 있었어. 이때부터 1사단은 경례할 때 '전진(前進)'이라는 구호를 쓰고 있어.

국군의 평양 입성 소식은 전 세계에 알려졌어. 밤낮으로 진격한 장병들의 열망과 백 장군의 리더십으로 이뤄낸 기적이었지. 큰 희생 없이 적의 심장부를 점령해서 더 빛나는 작전이었던 거야.

전진!!

**평양 시내로 진입하고 있는
우리 국군의 모습**

**국군의 진격을 뜨겁게 환영하는
평양 시민(1950.10.)**

한편 평양을 점령한 미군은 '인디언 헤드 특수임무부대(Indian Head TF)'를 편성해 북한군의 중요한 기밀문서를 많이 빼앗았단다. 이 자료들은 미국 국립문서기록관리청(NARA)에 가면 볼 수 있어.

깜짝 냥냥 퀴즈!

국군이 38도선을 돌파한 날을 '국군의 날'로 기념하고 있는데 그 날은 언제일까냥?

정답 :

평양 입성 환영 대회

국군이 평양에 들어온 지 10일 후인 10월 30일, 이승만 대통령은 '평양 입성 환영 대회'에 참석했고, 시민들은 태극기를 흔들면서 환영했지. 이 대통령은 10만 군중 앞에서 "평양 시민 여러분! 얼마나 고생이 많았습니까? 이렇게 늦게 와서 미안합니다. 우리는 통일해야 합니다. 뭉치면 살고 흩어지면 죽는 것입니다"라고 연설을 했어. 연단에서 내려와서는 평양 시민들의 손을 잡고 함께 감격의 눈물을 흘렸단다.

평양 입성 환영 대회(1950.10.30.)

국군, 드디어 압록강에 태극기를 꽂다!

중국 국경선을 향해 북으로 북으로

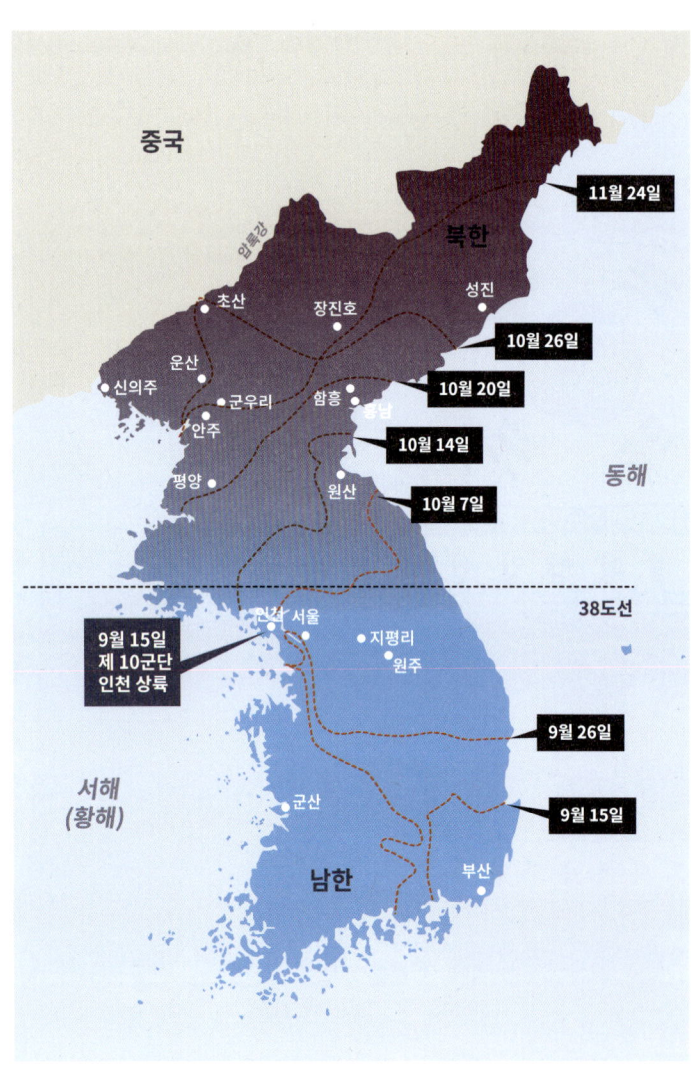

북진 진전도

인천상륙작전 성공의 기운을 몰아 유엔군은 평양까지 차지했어. 맥아더 사령관은 중공군이 한반도 전쟁에 개입할 수도 있다는 첩보를 이미 알고 있었지. 하지만 대수롭지 않게 여기고 북진계획을 세웠던 거야. 국군과 유엔군이 거침없이 청천강을 넘어서자 '맥아더선'이라고 불리던 진격 제한선을 없앴어. 그리고 중국 국경선을 향해 더 나아가라고 명령했고, 우리 군은 북진통일이라는 과제를 갖고 있었기에 압록강으로 나아갔단다.

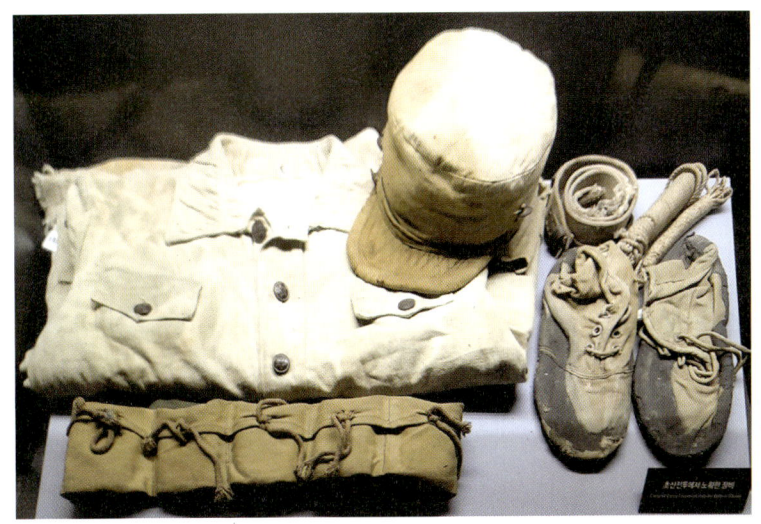

북한군 군복
평안북도 압록강변 도시 초산
전투에서 빼앗은 군복이란다.

중국으로 도망친 김일성과 그의 자동차

　1950년 10월, 국군과 유엔군이 북진하기 시작하자 북한군은 급히 도망쳤다. 김일성은 가족들을 먼저 중국으로 도피시켰고, 자신은 유엔군이 점령하기 전에 미리 평양을 떠나 평안북도 강계로 들어갔다. 그러다가 미군의 폭격이 점점 심해지자 압록강을 건너 중국으로 도망갔다.

　급하게 도망치다보니 스탈린이 마오쩌둥과 김일성에게 각각 한 대씩 선물로 준 자동차를 두고 갔고, 국군이 청천강을 건너던 중 발견했다. 이승만 대통령은 그 자동차를 워커 장군에게 기증하려고 했는데, 워커 장군이 갑작스럽게 전사하자 그의 부인에게 선물했다.

도피
(逃避)
도망하여 몸을 피함

워커 장군 부인이 고향으로 돌아가던 중 차가 고장나 다른 차와 바꾸었다. 그 후 여러 수집가의 손을 거치면서 행방을 알 수 없다가 유엔한국참전국협회장이 어렵게 그 차를 찾아냈고, 개인 돈으로 차를 사 1982년 한국으로 가져왔다. 지금은 전쟁 기념관에 전시되어 있다.

김일성이 타던 자동차(ZIS-110 리무진)
스탈린이 김일성에게 선물한 자동차야.

태극기, 압록강에 휘날리다

앞장서서 북진하던 국군 6사단 7연대는 적군의 강력한 저항에 부딪혔지만 압록강을 향해 한 걸음 한 걸음 나아갔어. 10월 26일 오후 2시 15분, 드디어 압록강에 이르러 태극기 깃대를 세웠지. 국군 최초로 중국 국경선까지 진출했던 거란다. 압록강변

에 있는 초산이라는 지역을 가장 먼저 점령해서 이들을 '초산부대'라고 부르기도 해. 무엇보다 우리 민족의 오랜 꿈인 남북통일에 한 걸음 더 다가선 감격의 순간이었어.

태극기 국경
太極旗 國境에 휘 날 리 다
朝鮮日報

선두 先頭는我國軍!
아국군

國軍 鴨綠江에 到達 국군 압록강 도달
楚山・下曷里完全奪還

국군이 압록강에 도달했다는 신문 기사(1950.10.28. 조선일보)

이대용 중대장은 엄청난 호수와 같이 광활한 압록강이 눈에 들어왔지. 압록강에 도착하며 보았던 이 순간을 '국경선에 밤이 오다'라는 자서전에 기록해 놓았어.

"자동차 도로는 큰 반원을 그리며 구부러져 있었다. 그 위를 군용 트럭은 달렸다. 서북쪽으로 커브를 꺾어 조금 나가니 거대한 막이 확열리듯 장엄한 신비의 대호수가 화면처럼 떠올랐다. 산과 산 사이를 감색의 물로 가득 채운 장강의 모습이 나타났다. 압록강이었다!"

감색
(紺色)
어두운 남색

"1950년 10월 26일 오후 2시 15분! 아, 이 나라 남아로 태어나서 자유의 종을 울리며 남북을 통일하고 나니 지금 죽어도 무슨 한이 있으리오!"

"중대원 모두 벅찬 가슴에는 흥분과 감회가 교차했다."

미군은 11월 말쯤 양강도 혜산진에 도착했단다. 국군은 10월 26일에 압록강에 도착했으니 얼마나 빨리 올라간 건지 알겠지? 미군보다 성능이 훨씬 떨어지는 무기로 적군을 상대하면서 밤낮없이 걷고 또 걸어서 얻은 결과였어. 병사들은 이를 기념하려고 수통에 압록강 물을 담아와 이승만 대통령에게 선물했지. 전쟁기념관에 가면 지금도 그 수통을 볼 수 있어.

압록강에서 수통으로 물을 뜨고 있는
국군 6사단 7연대 병사

수통
(水桶)
군사용 물통

기쁨도 잠시, 중공군의 기습 공격이 시작됐고, 물 밀듯 밀려오는 공세에 밀리기 시작했단다. 그렇게 국군에게 철수하라는 명령이 떨어졌어. 국군이 압록강에 머문 지 이틀밖에 되지 않았기 때문에 병사들은 그 명령을 거부했지만, 눈물을 흘리며 후퇴할 수밖에 없었지. 참전용사들은 지금도 그 순간이 너무 아쉬웠다고 말해.

이 모든 죽음의 책임은
전쟁을 일으킨 자에게

빨치산 토벌 작전

인천상륙작전이 성공했다는 소식을 듣자마자 북한군은 도망치기 시작했어. 그런데 유엔군의 반격으로 도망갈 시간을 놓친 일부 부대는 산악지대에 갇히게 됐지. 그렇게 지리산, 한라산, 덕유산 같은 높고 험한 산속으로 숨어 들어갔고, 산간마을 주민들을 괴롭히기 시작했어. 자기들에게 협조하지 않는 양민을 죽이고 집에 불을 질렀지. 또 밤마다 식량을 빼앗아 갔는데, '낮에는 대한민국, 밤에는 인민공화국'이라는 말이 생길 정도로 그 피해는 이루 말할 수 없었단다. 이들을 빨치산이라고 불렀는데,

양민 (良民)
선량한 백성

빨치산 (partizan)
적의 배후에서 통신·교통 시설을 파괴하거나 무기나 물자를 탈취하고 인명을 살상하는 비정규군. 특히 우리나라에서는 6·25전쟁 전후에 각지에서 활동했던 공산 게릴라를 이름

공산군에게 학살된 가족의 시신을 보고서 우는 주민

토벌
(討伐)

무력으로 쳐 없앰

민간인
(民間人)

관리나 군인이 아닌 일반 사람. 흔히 보통 사람을 군인에 상대하여 이르는 말

삐라
(Leaflet Bomb)

선전이나 선동적인 글을 담은 전단지를 뜻하는 말. 6·25전쟁 중 적과 아군을 통틀어 25억 장이 한반도에 뿌려지며 심리전의 핵심 수단으로 활용됨.

러시아 말로 군인이라는 뜻이지만, '정규부대에는 속하지 않은 사람들'을 부르는 말로 쓰였지.

미 8군 사령관 밴 플리트(James A. Van Fleet) 장군은 특수임무부대를 만들어 빨치산을 토벌할 것을 우리 정부에 요청했어. 그렇게 만들어진 부대가 '백 야전 전투사령부'였고, 줄여서 '백야사'라고 불렀지. 그리고 백선엽 장군이 사령관을 맡았단다.

1951년 11월 말부터 1952년 3월까지 군인과 경찰이 함께 토벌 작전에 나섰지. 죄가 없는 민간인의 피해를 줄이려고 항복하는 사람은 살려준다는 원칙을 지켰고 빨치산들을 설득하기 위해 공중에서 전단(삐라)도 뿌렸단다. 그렇게 빨치산 9,980명이 사살되었고, 8,500명은 항복했으며 985명이 귀순했지.

지리산 빨치산 토벌 작전 중인 국군장병들

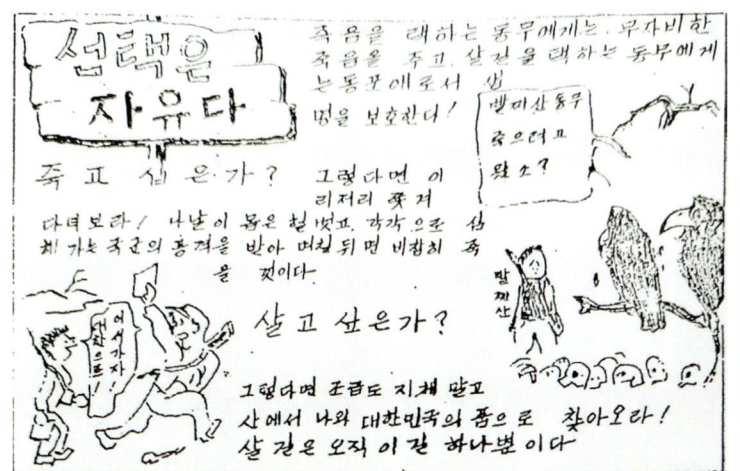
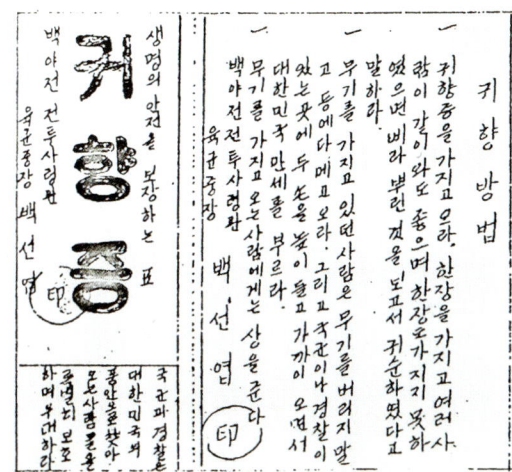

**빨치산의 항복을
권고하려 뿌린 전단(삐라)**

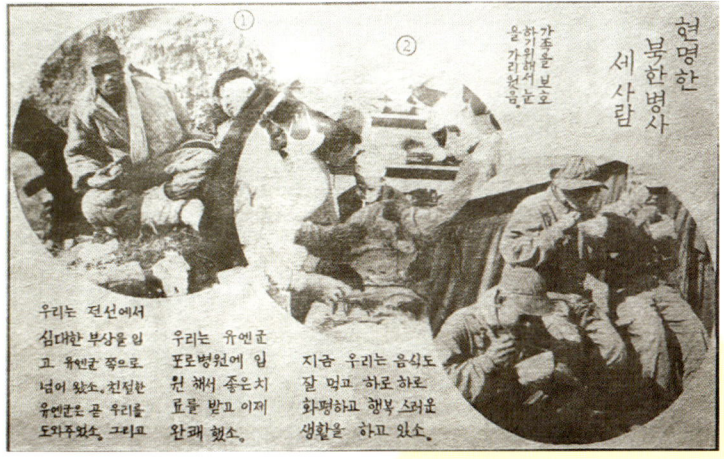

학살
(虐殺)

가혹하게 마구 죽임

좌익
(左翼, left)

왼쪽 날개라는 뜻으로 급진주의적, 사회주의적, 무정부주의적, 공산주의적 경향의 인물 또는 단체를 가리키는 말로 우익에 대비되는 개념. 일반적으로 좌파라고도 함

전쟁의 비극, 양민 학살

북한이나 중공군, 그리고 국군이나 미군에 의해서도 민간인이 희생됐어. 참 안타까운 일이지만 전쟁이라는 혼란 속에서 민간인들이 휩쓸려 죽거나 다쳤던 거지. 전쟁의 불확실성이 가져다 준 재앙이라고 하기에는 의도된 희생도 많았어. 무엇보다 북한군에 의해 정말 많은 민간인이 희생되었는데, 주로 김일성의 지시였지. 전쟁 초반, 북한군과 좌익 세력은 공무원, 군인, 경찰, 학자 같은 엘리트 계층과 기독교인들을 수도 없이 죽였어. 또 인천상륙작전 후에 후퇴하면서도 민간인을 집단으로 죽였지.

그렇게 민간인만 12만 명이 넘게 학살되었고, 8만 명이 넘는 지식인들은 북으로 끌려갔어. 지금까지 국군에 의한 민간인 피해는 많이 밝혀져 피해보상이 이루어졌지. 하지만 공산군이 의도적으로 자행한 민간인 학살은 조사조차도 제대로 되지 않은 경우가 많단다. 양민 학살 사건은 여러 지역에서 벌어졌어. 이런 끔찍한 민족의 비극이 누가 일으킨 전쟁으로 인한 것인지 잘 기억해야겠지?

노근리 학살 사건

1950년 7월 25일 경 충북 영동에서 있었던 일이야. 낙동강으로 밀리던 미군은 공격해오는 북한군을 막는 과정에서 북한군과 민간인을 구분하지 못해 애를 먹었어. 당시 민간인으로 위장

한 북한군 때문에 유엔군의 피해도 많았거든. 이 지역에서 미군이 쏜 총에 의해 200여 명의 민간인이 희생됐지. 나중에 조사한 결과, 의도적인 학살로 판단되지는 않았지만 많은 희생자가 생겼으니 정말 안타까운 사건이야.

신천군 학살 사건

유명한 스페인 화가 파블로 피카소(Pablo Picasso)는 '한국에서의 학살'이란 그림을 남겼는데, 이 그림의 배경이 '신천군 학살'이란 설이 있어. 공산주의자였던 피카소의 그림이니 미군이나 국군이 저지른 학살로 추정됐지. 북한도 미군이 저질렀다고 주장했지만, 미군은 그 지역에서 작전을 펼친 사실이 없단다.

이 사건은 좌익과 우익이 서로 죽이고 복수하는 과정에서 일어났어. 인천상륙작전 성공으로 북한군이 도망가면서 수많은 반공 지식인들과 기독교인을 먼저 학살했고, 그 후에는 피의 보복이 있었지. 북한은 자신들이 저지른 잘못을 미국에 돌리려 한단다. 미국에 대한 증오심을 불러일으키기 위해 신천군에 미제학살기념관을 세우고, 반미교육의 중심지로 이용하고 있어.

신천박물관 경내의 방공호
북한은 이곳에서 미군이 900명의 신천 주민들을 가두고 불태워 죽였다고 소개하고 있어.

**우익
(右翼, right)**
오른쪽 날개라는 뜻으로 일반적으로 정치 및 사회 문제에 대해 변화보다는 안정, 분배와 복지보다는 성장과 경쟁, 평등보다는 자유를 강조하는 경향을 지닌 정치사상이나 정치세력을 가리킴. 좌익에 대비되는 개념. 일반적으로 우파라고도 함

**미제
(美帝)**
'미국 제국주의'가 줄어든 말

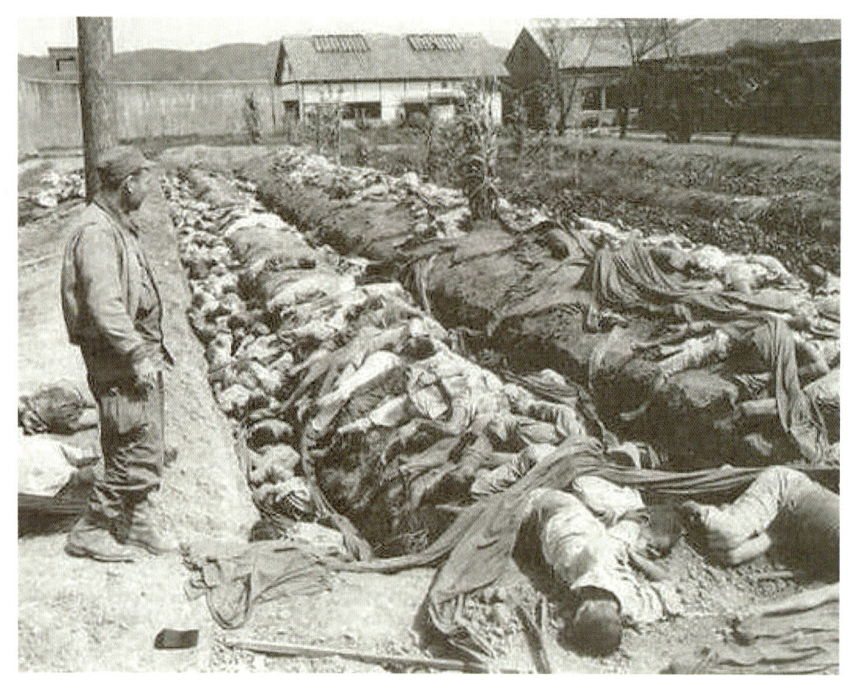
대전형무소에서 공산군에 학살된 민간인들의 시신

대전형무소 학살 사건

전쟁 초반, 대전형무소에서 수감자들을 대상으로 학살이 일어났어. 1950년 6~7월에 국군이 좌익을, 10월에는 공산군이 우익을 학살했지. 그 현장은 말로는 차마 표현할 수 없을 정도로 참혹했어. 특히 대전이 공산군에게 점령당하는 과정에서 억울하게 죽은 사람이 많았지. 대전 산내 골령골 학살 사건이라고도 불리는데, 세상에서 가장 긴 무덤이라는 별명이 있을 정도로 최대 규모의 희생자가 발생한 곳이야.

여기 설명된 것
말고도 많은 곳에서
학살이 일어났다냥!

1950년 10월 함흥에서 일어난 집단 학살
김일성의 지시에 의해 벌어진 학살 사건으로 1만 2천여 명 이상이 희생되었어.

깜짝 냥냥 퀴즈!

압록강 언덕에 태극기를 꽂고 압록강 물을 수통에 떠
온 부대 이름은?

정답 :

4

중공군의 불법 개입과
국제전으로 변한 6 · 25전쟁

중공군의 불법 개입과 유엔군의 후퇴

중공군은 6·25전쟁에 왜 끼어들었을까?

유엔군이 압록강과 두만강까지 차지하게 되면서, 이제는 꿈에 그리던 한반도 통일이 이뤄질 수 있겠다는 기대를 품은 사람들이 많았단다. 그런데 그때, 중공군이 기습해왔어. 낮에는 산속에 숨어있다가 밤이 되면 이동해서 북한으로 숨어들어 왔지. 그러는 동안 맥아더 사령관은 중공군을 목격했다는 보고를 여러 번 받고도 무시했어. 인천상륙작전을 성공시킨 자신감이 하늘을 찔렀던 거야.

중공군이 전쟁에 참여하는 이유가 '미국에 저항하고 북한을 돕는다'는 것이었지. 그런데 한편으로는 전쟁에서 지게 될 상황을 두려워 하기도 했어. 대한민국과 국경을 마주하게 되면 자신

6·25전쟁에 투입되기 위해 출정식에 선 중공군 병사들
마오쩌둥은 6·25전쟁이 터지고, 5개월 뒤인 1950년 10월 19일에 압록강을 건넜어.

마오쩌둥은 자신의 반대 세력을 인간 방패로 이용한 거다냥

강대국 (強大國)
병력이 강하고 영토가 넓어 힘이 센 나라

들에게 위협이 될 거라고 생각했거든. 왜냐하면 강대국인 미국이 우리나라를 도와주고 있었기 때문이야. 그렇지만 소련의 스탈린이 계속 부추겼어. 또 마오쩌둥을 반대하는 세력을 전쟁에 내보내 처리할 수 있는 기회이기도 했으니 가만히 있을 수 없었지. 그렇게 240만 명을 한반도로 보냈는데, 97만여 명이 죽거나 다치는 큰 손해를 입었단다. 그들 입장에선 막대한 희생을 감수할 정도로 미국이 위협적이었던 거야.

중공군이 압록강을 건너 산 속으로 몰래 숨어든 것을 모른 채, 유엔군은 압록강 국경선을 향해 총공격을 시작했어. 그러자 미리 숨어있던 중공군 또한 기다렸다는 듯이 기습해왔지. 그런

장진호
(長津湖)

함경남도 개마고원 위를 흐르는 압록강의 지류인 장진강을 댐으로 막아서 만든 인공 호수

인해전술
(人海戰術)

우수한 화기보다 다수의 병력을 투입하여 적을 압도하는 전술. 6·25전쟁에서 중국 공산군이 썼던 전법임

데 맥아더 사령관은 이들을 대수롭지 않게 여기고 장병들에게 "크리스마스는 고향에서 가족과 함께 보내자"라며 중공군에 맞서 싸웠어. 하지만 중공군은 평안남도 군우리와 함경남도 장진호에서 인해전술로 2차 공세를 펼쳤지. 계속해서 밀려오는 중공군들로 인해 유엔군과 국군은 철수할 수밖에 없었단다.

미 육군 역사상 가장 끔찍했던 군우리 전투

1950년 11월 29일에서 12월 1일까지, 평안남도 개천의 군우리에서 미 2사단과 국군 2군단, 튀르키예(터키) 여단이 벌인 철수 작전이 군우리 전투야.

중공군은 군우리 지역에서 유리한 고지를 점령하고 있었어. 그들은 철수하는 미군을 향해 사방에서 공격했고, 미군은 절반이 넘는 병력이 피해를 입었지. 전세가 불리해지자 미군은 중공군에게 빼앗길 것을 우려해 부대 깃발까지 태워버렸어. 명예를 지키며 끝까지 싸웠던 미 2사단은 군우리의 희생과 전투의지를 기리기 위해 부대

중공군의 개입과 유엔군의 후퇴

깃발을 태우는 행사를 종종 하고 있단다.

이건 한강다리 사진이 아니다냥

피란길에 오른 북한 주민들

대동강철교에 매달린 북한 피란민들(맥스 데스포 기자, 1950.12.4.)
평양의 대동강철교는 중공군이 남쪽으로 내려오는 것을 늦추기 위해 유엔군이 폭파했어.
중공군 참전에 놀라서 자유를 찾아 피란하는 한국인들의 생명선이었지.

군우리 전투에서 패배한 유엔군은 서둘러 38도선 남쪽으로
후퇴했어. 유엔군의 진격을 온 마음으로 환영했던 북한 주민 5
만 명도 자유를 찾아 피란길에 올랐지. 폭격으로 인해 무너지기
일보 직전의 대동강철교로 피란민들이 구름 떼같이 몰려들었
어. 원래 철교는 사람이 다니는 곳이 아닌데도 불구하고 곡예사
처럼 매달려 가까스로 건너간 거야. 그러다 몇몇은 대동강 물속

으로 떨어지기도 했지. 때마침 유엔군을 따라 후퇴하던 종군기자 맥스 데스포(Max Desfor)는 피란민으로 넘쳐나는 대동강의 모습을 촬영했어. 이 사진으로 퓰리처상까지 받았던 그는 그때의 심경을 이렇게 전하기도 했단다.

맥스 데스포

"그 다리에 개미처럼 달라붙어 있던 그 사람들에 대한 기억은 아직도 생생하다. 그 다리 생존자를 만나보고 싶다."

인류 역사에 기록될 위대한 후퇴, 장진호 전투

장진호, 중공군과 벌인 대혈전

1950년 11월 26일부터 12월 13일까지, 함경남도 장진호 부근에서 대규모 전투가 벌어졌어. 당시 미 서부군과 동부군은 낭림산맥으로 나뉘어 무려 80㎞나 떨어져 있었는데, 중공군은 그 주위를 에워싸며 공격할 때를 기다리고 있었던 거야.

장진호에 모인 미 해병 1사단은 전투력이 뛰어났고, 제2차 세계대전에서도 잘 싸워 **무적불패** 신화를 갖고 있었어. 그런데

무적불패
(無敵不敗)
매우 강하여 겨룰
만한 맞수가 없어
결코 패하지 아니함

중공군 9병단 역시 최강부대였단다. 중공군 12만명이 미군 3만
여 명을 둘러싸며 공격해왔지. 그렇게 미군은 앞으로는 중공군
에게, 뒤로는 장진호라는 큰 호수에 막혀 사면초가의 상황에 처
하게 됐어. 그런데 맥아더 사령관은 군우리 전투에서 크게 지고
도 여전히 자만하고 있었단다.

마오쩌뚱

"미군과 한국군은 우리 지원군의 참전을 모르고 동서
두 길로 나뉘어 마음 놓고 전진하고 있다. 병력이 나뉜
것을 이용해 기동전으로 포위 섬멸하라"

사면초가
(四面楚歌)

아무에게도 도움을
받지 못하는, 외롭
고 곤란한 지경에
빠진 형편을 이르는
말

기동전
(機動戰)

부대의 기동력, 화
력, 지형 따위를 이
용하여 진지를 옮겨
가면서 벌이는 전투

섬멸
(殲滅)

모조리 무찔러 멸망
시킴

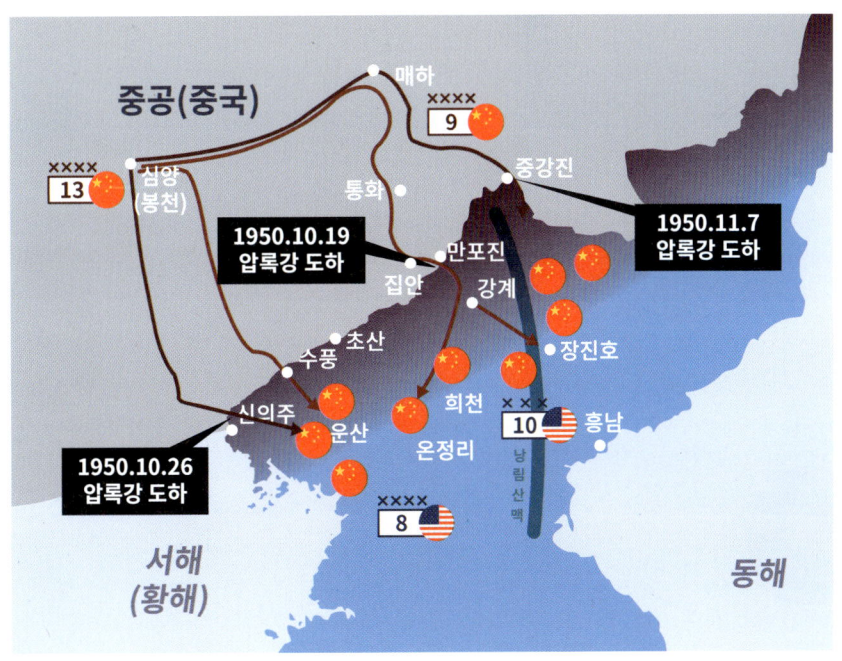

동부군과 서부군으로 나뉜 미군을 둘러싼 중공군

이때 적군의 총이나 칼보다 더 무서운 것이 바로 강추위였어. 장진호는 개마고원이라는 곳에 있는 호수인데, 당시 겨울에는 영하 30℃ 이하로 기온이 떨어졌지. 피가 나도 바로 꽁꽁 얼어붙을 정도로 추웠고, 얼어 죽는 병사들이 계속해서 생겼단다.

악몽의 계곡에서 탈출하다

11월 27일, 해가 지면서 중공군은 미군을 기습했어. 미군 입장에서 중공군은 앞 사람이 죽으면 그 시체를 밟고 넘으며 파도처럼 계속 밀려왔지. 사방이 중공군에 둘러싸여서 미군은 옴짝달싹할 수 없었어. 또 중공군은 밤에만 움직

나팔과 피리 소리에 맞춰 공격하는 중공군

였고 나팔과 꽹과리로 큰 소리를 내면서 공격했는데, 이런 소리에 익숙하지 않던 미군에게는 더더욱 공포로 다가왔단다.

"중공군은 대규모로 북한에 투입됐다. 우리는 완전히 새로운 전쟁에 직면해 있다. (중국의 궁극적인 목적은) 한국에서 모든 유엔군의 완전한 격멸에 있다." – 1950년 11월 28일, 'FRUS'

격멸
(擊滅)
전쟁이나 전투 따위에서 적을 없앰

FRUS
(Foreign Relations of United States)
미 국무부가 작성한 외교문서들

해발
(海拔)

해수면으로부터 계산하여 잰 육지나 산의 높이

고원지대
(高原地帶)

보통 해발 고도 600미터 이상에 있는 넓은 벌판

그래도 스미스(Oliver P. Smith) 장군은 포기하지 않았지. 추위와 공포에 질려있는 병사들에게 "후퇴가 아니라 해안까지 새로운 방향으로 공격하는 것이다!"라며 격려했고, 병사들도 다시 힘을 얻어 끝까지 싸웠어. 그들은 장진호부터 흥남까지 해발 1,000m 이상의 고원지대에서 중공군과 치열하게 싸우며 나아갔단다.

후방으로 철수하는 미 해병대원
너무 추워 얼어죽은 장병들의 시신을 싣고 후퇴하는 모습이야.

위기의 순간에 더 빛난 스미스 장군의 리더십

미 해병대 스미스 장군은 북진하면서 위기 때 사용하려고 임시 비행장을 만들었어. 이를 통해 비행기로 군수물자를 받을 수 있었고, 부상자 4,000여 명을 빠르게 옮길 수 있었지.

유엔군 사령부 알몬드(Edward M. Almond) 장군은 그 어떤 장

부상자를 들것으로 옮기며 철수하는 미 해병대원들의 모습

비보다 병사들이 먼저 항공기로 철수할 것을 제안했어. 그런데
스미스 장군은 "우리 해병대 역사상 그런 불명예는 없다"라며
거절했지. 전우들을 희생시키면서까지 철수하는 것은 명예로운
해병대의 모습이 아니라고 생각했던 거야. 왜냐하면 비행기로
철수하게 되면 활주로 보호를 위해 최소한 두 개 대대는 마지막
까지 남아야만 했거든. 그렇게 중공군 포위망을 뚫고 부상자는
들것으로 직접 옮기며 걸어서 철수했지. 부상자와 물자, 그 어
느 것도 포기하지 않겠다는 스미스 장군의 결단은 세계전쟁사
에 위대한 결단으로 평가받고 있단다.

알몬드 장군
"모든 장비를 버리고, 병사들만이라도 항공편으로 철
수시키시오!"

들것
환자나 물건을 실어
나르는 기구로 네모
난 거적이나 천 따
위의 양변에 막대기
를 달아 앞뒤에서
맞들게 되어 있음

스미스 장군

"우리는 해병대로서 우리 장비, 시신, 부상자를 두고 갈 수는 없습니다. 모두 데리고 철수해야 하니 항공편 철수는 하지 않겠소!"

무너진 수문교를 연결하라!

수문교
장진호 부근 황초령 수력 발전소에 있는 폭이 좁은 도보 다리 이름

중공군은 장진호에서 흥남으로 가는 길 중간에 있는 황초령 수력발전소의 수문교를 폭파했어. 이 다리가 없으면 미군은 전투 장비를 가지고 후퇴할 수 없었지. 유엔군 사령부는 고민 끝에 다리를 연결할 부품을 항공기로 떨어뜨려주기로 했어. 그럴듯한 작전이었지만 단 한 번도 시도해본 적이 없었기 때문에 큰 모험에 가까웠지.

한 개에 1.1톤이나 되는 부품을 수송기(C-119) 8대에 나눠 싣고, 수문교로 날아갔어. 조종사들은 위험을 무릅쓰고 부품을 수문교 부근에 정확하게 떨어뜨려 주었지. 그렇게 미 해병대는 8개 중 6개를 조립해서 다리를 복구할 수 있었어. 미 공군은 부품뿐만 아니라 항공기를 보내서 철수하는 미군들을 보호했지. 그래서 병사 14,000여 명이 안전하게 철수할 수 있었고, 수많은 전차와 차량, 그리고 무기까지 버리지 않고 다 가지고 올 수 있었단다. 12월 7일 밤, 절망 가운데 있던 장병들은 무릎을 꿇고 기도했는데 어두운 밤하늘에 밝은 별 하나가 떠올랐다고 해. 이 별은 그들에게 '희망의 별'이 되었어.

그날의 별을 장진호 전투의 상징으로 삼아 '고토리의 별 (Star of Koto-ri) 이라고 부르고 이 별은 미 해병대 박물관 기념탑에 있나냥!

Aerial view of the Changjin (Chosin)
Reservoir penstocks in the Funchilin Pass,
with a close-up of the damaged bridge.
RG 127, 127-GK-234J-A130504

RG 127, 127-GK-234J-AS376

큰 사진은 수문교의 파괴된 부분,
작은 사진은 수문교를 복구하고 있는 미군

흥남철수작전에서 전사한 미 해병대원들을 찾은
올리버 스미스 장군과 지휘부 장교단(1950.12.13.)

"저에게 내일을 주십시오
(Give me tomorrow)!"

미국 「Life」지 종군기자 데이비드 던컨(David Douglas Duncan)은 장진호 전투 취재를 위해 전쟁터에 있었다. 영하 30~40℃의 강추위가 몰아치는 가운데, 중공군의 인해전술로 두려움에 지친 병사들과 함께 고토리에서 함흥으로 철수하는 길이었다. 그는 눈에는 눈물이 흐르고, 손은 얼어 젓가락질도

**미국 「Life」 지 종군기자
데이비드 던컨이 찍은 사진**

잘 하지 못하는 채로, 꽁꽁 언 통조림을 따고 있는 한 해병대 병사에게 "만일 제가 당신에게 무엇이든지 해줄 수 있는 존재라면 제일 먼저 무엇을 요구하겠습니까?"라고 물었다. 그러자 병사는 한동안 아무 말 없이 있다가 "저에게 내일을 주십시오!"라고 답

했다. 그에게는 포탄이나 따뜻한 옷과 음식도 아닌 이 전쟁에서 죽지 않고 살아남을 수 있다는 희망, 내일이 절실하게 필요했던 것이다.

미국에는 장진호 전투 생존자들로 구성된 '쵸신 퓨(Chosin Few)' 전우회가 있어. 쵸신은 장진의 일본식 발음이고, 퓨는 생존자가 적었다는 뜻이야.

진정한 승자는 누군가?

　장진호에서 있었던 17일 간의 전투에서 미군은 막대한 피해를 입었어. 사상자가 7,000여 명이나 생겼지. 절대적인 열세와 혹독한 추위에도 불구하고 전우의 시신과 물건을 잊지 않고 챙겨서 철수했어. 피해를 최소한으로 하고 싶었던 거야.

　한편, 장진호 전투에 투입된 중공군 12만여 명 중에 47,000여 명이 죽거나 다쳤지. 중공군 전체가 입은 타격이 너무 커서 한동안은 다음 지역으로 나아갈 생각조차 할 수 없었어. 병력도 많이 부족해져서 3달 동안은 전투도 할 수 없었지. 그 덕분에 동쪽에 있던 미군은 중공군의 공격을 받지 않았어. 그렇게 피란민 10만여 명과 함께 흥남철수작전을 성공시킬 수 있었던 거야. 미국 역사상 가장 긴 후퇴를 기록한 장진호 전투는 결코 잊을 수 없는 전투로 남아있단다.

열세
(劣勢)
상대편보다 힘이나
세력이 약함

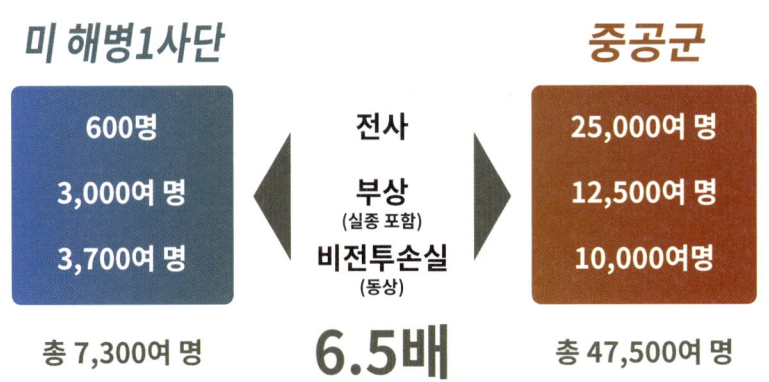

장진호 전투의 피해 규모 비교

'후퇴가 아니라 새로운 방향으로 공격하는 것'이라는 스미스 장군의 말대로 눈보라를 뚫고 전진하는 미 해병대

살을 에는 개마고원의 강추위

한반도에서 가장 추운 개마고원은 10월 말부터 눈이 내리고, 가장 추울 때는 영하 30℃까지 기온이 내려간다. 특히 6·25전쟁이 있었던 1950년에는 50년 만에 찾아온 기록적인 **한파**로 최저 기온이 영하 45℃까지 떨어졌다. 기름이 얼어서 시동이 걸리지 않았고, 총기에 피부가 얼어붙어 살점이 뜯기기도 했던, 최악의 날씨였다.

심지어 유엔군의 **공습**을 피해 엎드려 있던 중공군들이 폭격이 다 끝났는데도 일어나지 않아서 살펴봤더니, 엎드린 그대로 땅에 얼어붙어 죽은 경우도 있었다. 총에 맞아 죽은 병사보다 얼어 죽은 병사가 더 많았다. 스탈린그라드 전투, 모스크바 전투 등 세계 3대 겨울 전투 중에서도 가장 추운 전투였다.

한파
(寒波)
겨울철에 기온이 갑자기 내려가는 현상
공습
(攻襲)
갑자기 공격하여 침

한국전쟁에 참전했던 한 미군이 한국 날씨를 떠올리며 '한국은 플로리다 크기의 나라로 여름은 지독하게 덥고, 겨울은 지독하게 춥다'는 글을 남기기도 했다.

장진호 유담리와 하갈우리 사이에 멈춰 선 미 해병대원들

장진호 전투에 투입된 미 해병대원

영하 30℃의 추위에 꽁꽁 얼어버린 전사자 시신을 트럭에 싣는 모습

미 해병대를 구한 사탕, 투시롤!

장진호 전투에서 미 해병대가 중공군에 포위되어 위험해지자 "투시롤(Tootsie Roll)이 떨어져 가니 잔뜩 보내라"고 요청했다. 후방 보급부대는 갑자기 초콜릿 사탕을 보내라는 게 의심스럽고 이상했다. 그러나 일단 요청한 대로 막대한 양의 투시롤을 비행기로 떨어뜨렸다. 사실 미 해병대는 투시롤이 박격포탄과 겉모양이 비슷하다는 점을 이유로 박격포탄의 은어로 '투시롤'을 사용하고 있었다. 중공군의 도청을 우려해 은어로 요청했는데, 통신병은 진짜 투시롤 사탕을 보내준 것이다. 해병대는 그것을 보고 혼란에 빠졌지만, 전투 식량마저 얼어붙어 먹지 못하는 강추위에 사탕은 얼지도 않고 열량도 높아서 유용한 식량이 되었다. 게다가 전투로 파손된 장비 위에, 입안에서 녹인 투시롤을 붙여 놓으면 잠시 후 꽁꽁 얼어붙어 강력 접착제 역할도 했다. 이렇게 투시롤은 미 해병대를 살린 사탕이 됐고, 지금도 미 해병대 모임에는 투시롤을 먹는 전통이 이어지고 있다고 한다.

흥남철수작전과 크리스마스의 기적

사람들로 발 디딜 틈 없었던 흥남부두

부두
(埠頭)
배를 대어 사람과 짐이 뭍으로 오르내릴 수 있도록 만들어 놓은 곳

1950년 12월, 함경남도 흥남<u>부두</u>엔 등에 짐을 지고 온 사내, 젖먹이를 품에 안고 온 여인, 퍼덕대는 닭을 끼고 온 아이 등 살기 위해 모인 피란민들로 북적이고 있었어. 원산이 공산군에 점령되어 더이상 육지로 탈출할 수 없었기 때문에 바다로 가기 위해 다들 몰려왔던 거야. 흥남부두에는 국군과 미군이 타고 갈 배가 기다리고 있었어. 미군도 지독한 추위와 싸우면서 간신히 흥남까지 왔지만, 그들이 마주한 상황은 쉽지 않았단다. 피란민이 넘쳐났고, 싣고 가야 할 군수물자도 산더미였지. 하지만 어떻게든 군인 10만 5천여 명과 피란민 10만여 명, 차량 1만 8천여 대, 화물 35만 톤을 무사히 부산으로 옮겨야 했는데, 바로 이 작전을 흥남철수작전이라고 해.

장진호에서 흥남까지

전쟁물자가 먼저냐 피란민이 먼저냐

문제는 준비된 수송선 150여 대만으로는 충분하지 않았다는 거야. 알몬드 장군은 피란민을 태울 자리가 없다고 했지만, 김백일 장군은 피란민을 버리면 국군도 배를 타지 않겠다고 우겼

북한을 탈출하려고
흥남부두로 몰려든 군인과
피란민들(1950.12.)

어. 통역관이었던 현봉학 선생도 피란민을 북에 두고 가면 모조
리 학살당할 것이라고 했지. 국군 지휘관과 통역관의 간절함에
알몬드 장군의 마음이 움직이기 시작했어.

　'전쟁물자가 먼저냐 피란민이 먼저냐'라는 고민 끝
에 알몬드 장군은 결국 피란민을 태우기로 했지. 그 배
경에는 이승만 대통령의 노력이 숨어있어. 중공군의 공
세가 심해지니 이 대통령은 맥아더 사령관에게 피란민
철수를 도와달라고 부탁했지. 흥남철수작전을 맡았던
미 3사단과 10군단의 보고서에 '피란민을 구출해 달라
는 이 대통령의 요청이 있었다'라는 기록에서 알 수 있
어. 공산당에 보복 당할 가능성이 있는 주요 인사들을
철수시키라는 미군 지휘부의 명령도 있었지만, 이 대통
령의 특별한 당부가 있었기에 피란민을 태우자는 김백
일 장군의 주장이 통할 수 있었단다.

흥남철수작전은
제2차 세계대전 당시 독일군에
포위된 연합군 33.8만 명을
철수시킨 '덩케르크 철수작전'에
비유될 정도로 성공적이었지

알몬드 장군 : "피란민 10만 명 중 4천 명만 배에 태울 수 있소!"

현봉학 선생 : "우리가 그냥 떠나버리면, 저기 있는 피란민들은 중공군에게 다 죽임을 당할 것이니 반드시 데리고 가야 합니다!"

김백일 장군 : "만약 피란민들을 두고 간다면 국군은 그들을 보호하며 함께 걸어서 가겠소!"

알몬드 장군 : "이 배에 몇 명까지 태울 수 있소?"

라루 빅토리호 선장 : "모르겠습니다. 하지만 최대한 많은 피란민을 싣겠습니다!"

알몬드 장군 : "무기 대신 피란민을 태우시오!"

흥남철수작전에 참여한 거의 모든 배가 떠나고, '메러디스 빅토리호'만 남았어. 이 배는 6천 톤급의 소형 화물선이었고, 정원은 겨우 60여 명밖에 되지 않았지. 한 명이라도 더 태우기 위해 라루 선장(Leonard LaRue)은 화물을 비롯해 무기와 군수물자를 모두 부두에 남겨야만 했어. 그리고 크레인을 이용해 피란민을 끌어올려 14,000여 명을 태웠지.

그렇게 12월 23일 오전, 메러디스 빅토리호가 흥남부두를 떠났어. 그 후 미군은 적이 사용하지 못하도록 육지에 남은 무기와 군수물자를 폭파시켰지. 배에 탄 피란민들은 먹을 음식도, 마실 물도, 의약품도 없이 대부분이 서서 이동해야만 했어. 그렇게 메러디스 빅토리호는 사흘 뒤에 거제도 장승포항에 도착

크레인 (crane)
무거운 물건을 들어 올려 아래위나 수평으로 이동시키는 기계

했지. 바로 그날, 중공군이 흥남을 점령했으니 정말 아슬아슬한
탈출이었던 거야.

메러디스 빅토리호
(SS Meredith Victory)
갑판을 가득 메운 피란민
배 탑승 정원의 230배가 넘는
14,000여 명을 태웠지.

흥남철수작전을
완료한 뒤, 유엔군이
흥남부두에 남겨놓은
군수물자를 폭파하는 장면
(1950.12.24.)

크리스마스의 기적, 빅토리호

메러디스 빅토리호는 원래 부산으로 갈 예정이었지만, 부산에는 이미 100만 명이 넘는 피란민들로 가득 찬 상황이었지. 어쩔 수 없이 거제도 장승포항으로 방향을 돌려야 했어. 장승포에서 망을 보고 있던 미군은 알 수 없는 형체로 다가오는 화물선(메러디스 빅토리호)을 보고, 일지에 이렇게 기록했지.

"갑판에 까맣고 넓은 고체 덩어리가 실려있었다. 배가 다가오는데, 다시 보니 사람들이었다. 아무 소리도 없이 꼿꼿이 서서 항구를 바라보는 거대한 군중!"

정원의 230배가 넘는 사람을 싣고, 기뢰가 깔린 바다를 항해했음에도 한 사람도 죽거나 다치지 않았어. 오히려 배 안에서 새 생명 5명이 태어났지. 정말 무모했던 항해였는데 생명의 항해, 크리스마스의 기적으로 바뀌어버린 거야. 그렇게 메러디스 빅토리호는 인류 역사상 가장 많은 사람을 구조한 배로 2004년 기네스북에 오르기도 했단다.

일지
(日誌)
그날그날의 일을 적은 기록

미군은
이 기적의 아가들에게
김치 1, 2, 3, 4, 5라는
한국적인 별명을
붙여주었다냥!

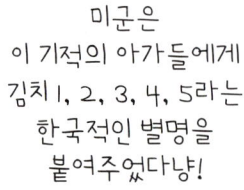

메러디스 빅토리호
기네스북 인증서
1950년 12월
흥남철수작전 당시 북한 피란민
14,000명을 구출한 미국 화물선
메러디스 빅토리호의 기록은
'한 척의 배로 가장 많은 생명을
구출한 세계최고기록'으로 기네스북
인증을 받았단다.

일자 : 2004년 9월 21일
등록인 : 로버트 러니, 안재철

GUINNESS WORLD RECORDS™

CERTIFICATE
The SS Meredith Victory
performed the greatest
rescue operation ever
by a single ship
by evacuating 14,000 refugees
from Hungnam, North Korea
in December 1950

Keeper of the Records
GUINNESS WORLD RECORDS LTD

손양영(김치1)

"배에 의사가 없으니 주변에 계시던 아주머니들이 어머니를 감싸고 아기를 받아낸 거죠. 그게 접니다!"

이경필(김치5)

"아무것도 없는 우리를 받아준 섬, 핏방울 하나 나눈 것 없는 우리를 외국인들이 목숨을 걸고 데려다준 곳, 거제도! 그때 갈 곳 없는 저희를 구출해 준 사람들이 없었다면 제 가족은 물론, 이 나라도 없었을 겁니다!"

　기적을 간직한 이 이야기는 한동안 잊혀졌다가 영화《국제시장》이 개봉하면서 관심을 받게 되었어. 이 영화의 배경이 되는 사건이 바로 '흥남철수작전'이었거든.

↑ 기네스북에 오른 메러디스 빅토리호와 선장 라루

← 영화 《국제시장》 포스터(2014)

실향민
(失鄕民)

고향을 잃고 다른 지역에서 지내는 백성

굳세어라 금순아

흥남철수작전을 배경으로 만들어진 1950년대 대중가요이다. 중공군의 개입으로 미군이 철수하면서 수많은 피란민들이 흥남부두에 모였다. 그런데 워낙 많은 사람이 모였으니 모두가 배를 탈 수는 없었다. 여동생을 남겨놓고 혼자 떠나 온 실향민의 아픔이 이 노래에 담겨있다.

굳세어라 금순아

(작사: 강해인, 작곡: 박시춘, 노래: 현인)

눈보라가 휘날리는 바람 찬 흥남부두에
목을 놓아 불러봤다 찾아를 봤다
금순아 어디로 가고 길을 잃고 헤매였더냐
피눈물을 흘리면서 일사 이후 나홀로 왔다

일가친척 없는 몸이 지금은 무엇을 하나
이내 몸은 국제시장 장사치기다
금순아 보고 싶구나 고향꿈도 그리워진다
영도다리 난간위에 초생달만 외로이 떴다

철의 장막 모진 설움 받고서 살아를 간들

천지간의 너와 난데 변함 있으랴

금순아 굳세어다오 남북통일 그날이 오면

손을 잡고 울어보자 얼싸안고 춤도 춰보자

흥남부두에 몰려든 피란민들

1·4후퇴와
리지웨이 장군의 결단

수많은 이산가족이 생겨난 1·4후퇴

1월 4일, 서울은 또다시 적군의 손에 넘어갔어. 이미 공산당의 무자비함을 경험했던 서울 시민들은 모든 것을 두고, 남쪽으로 피란을 떠났지. 이것을 1·4후퇴라고 한다. 중공군이 갑자기 들이닥치는 바람에 피란을 떠나는 과정에서 수많은 이산가족이 생겼어. 또 영하의 강추위로 피란민 764만 여명이 고생했지.

유엔군은 중공군에 밀려 평택-제천-삼척을 연결하는 37도 선까지 후퇴했어. 그런데 3월 15일, 유엔군이 반격에 들어가 중공군을 몰아내고 다시 서울을 되찾았지. 하지만 그동안 서울 시

지붕 없는 무개 열차를 타려고 몰린 피란민들
(1951.1.4.)

중앙청 앞에서 서울 점령을
기뻐하는 중공군(1951.1.5.)

민들은 고통의 나날을 보내야만 했어. 미처 피란을 떠나지 못하고 서울에 남아 있던 사람들 중 많은 사람이 공산군에게 학살을 당하거나 북한에 인질로 붙잡혀갔던 거야.

대한민국을 구한 리지웨이 장군의 결단과 용기

1950년 12월 23일, 서울 창동 부근에서 일어난 교통사고로 워커 장군은 세상을 떠나고 말았어. 그 뒤를 이어 리지웨이(Matthew B. Ridgway) 장군이 미 8군 사령관이 되었지. 그는 제2차 세계대전에서 뛰어난 업적을 세웠던 사람인데, 수류탄 한 개를 늘 가슴에 품고 다녀 '철의 가슴(Old Iron Tits)'으로 유명했어.

중공군이 참전한 후로 상황이 급하게 돌아가자, 미국은 남태평양 서사모아에 한국 망명정부를 세우거나 미군을 도쿄로 철수시킬 계획을 세우고 있었지. 이때 리지웨이 장군은 미군이 북쪽으로 진격할 수 있을지, 아니면 일본으로 철수해서 재정비하는 게 좋을지 고민이 많았단다. 또 더 있을지 모를 중공군의 남침도 생각해야만 했어. 그는 결단을 내리기 위해 지휘관과 주요 참모들을 한자리에 불러 모았지.

미 1군단장과 9군단장은 미군이 큰 피해를 입어서 더는 공격할 힘이 없다고 했어. 그런데 10군단장이었던 알몬드 장군은 상황이 어렵긴 해도 미군은 단련이 되어 있기 때문에 38도선까지 밀어붙일 수 있다고 했지. 그걸 지켜보던 리지웨이 장군은 결단을 내렸어.

인질
(人質)
약속 이행의 담보로
잡아 두는 사람

망명정부
(亡命政府)
다른 나라에 의한
전쟁, 혁명 따위로
외국으로 피신하여
세운 정부

같은 자리에 있던 몇몇 장교들은 허탈해했지만, 알몬드 장군과 참모들은 일어나 박수를 쳤지. 그렇게 미군은 한국에 남아서 공산군과 끝까지 싸우게 됐어.

리지웨이 장군은 정찰기를 타고 중공군의 상황과 전투력을 분석했지. 그 결과 중공군이 생각만큼 강한 군대가 아니라고 판단했어. 그는 "적들은 결코 우리보다 강하지 않다. 우리의 화력이면 충분히 대응할 수 있다. 절대로 물러서면 안 된다!"라며 미군 구성에 큰 변화를 주었지. 주요 지휘관의 절반 이상을 새로운 인물로 바꾸어 새로운 바람을 불어넣었단다.

정찰기
(偵察機)
작전에 필요한 자료를 얻으려고 적의 정세나 지형을 살피는 데에 쓰는 군용기

미 8군 사령관 리지웨이 장군

1951년 1월 25일, 리지웨이 장군은 서울을 되찾기 위해 작전명 '썬더볼트(Thunderbolt Operation)'를 시작했어. 대규모 화력을 퍼부으며 공격하니까 중공군은 슬슬 도망가기 시작했지. 그 기세를 몰아 중공군을 북으로 밀어 올렸어.

썬더볼트 (Thunderbolt Operation)
원래 번개 또는 벼락을 가리키는 말로, 빼앗긴 서울을 되찾고자 1951년 1월 말부터 한강 이남에서 벌어진 유엔군의 반격작전

형제의 나라 튀르키예(터키)

1950년 북한의 남침 소식을 들은 튀르키예는 미국, 영국, 캐나다에 이어 네 번째로 많은 수의 군인을 보내주었다. 특히 튀르키예군은 1951년 1월 25일 시작된 유엔군의 제1차 반격작전에서 큰 역할을 했다. 당시 미 25사단에 속해있던 튀르키예군은 '썬더볼트 작전'에서 총에 칼을 꽂고 중공군을 향해 거침없이 돌격했고, 이 전투로 튀르키예군의 용맹스러운 모습이 전 세계에 알려졌다. 튀르키예군이 용맹하게 잘 싸우니까 그 옆에 있으면 안전하겠다 싶었던 미군은 그 옆에 진을 쳤고, 중공군은 튀르키예 깃발만 봐도 도망갈 정도였다. 튀르키예군은 총 2만 1천여 명이 참전했고, 전사자 966명, 포로 244명 등을 포함해 총 2,400명 가까이 희생되었다.

2023년 2월 6일, 튀르키예는 모멘트 규모 7.8의 대지진이 일어나 6만여 명이 사망하고 13만여 명이 다치게 됐다. 이에 우리나라는 긴급 구조대를 파견했다. 그들이 70년 전 동방의 신생 독립국에 와서 피를 흘리면서 도와준 걸 기억하고 있었기 때문이다. 전쟁의 폐허를 딛고 우뚝 선 우리나라는 튀르키예를 도와줄 수 있는 나라로 성장하였다.

38도선을 되찾은 튀르키예군

중공군의 대공세와 유엔군의 반격

중공군의 공세와 유엔군의 대응

미군은 처음 맞닥뜨린 인해전술과 야간 전투가 익숙하지 않

앉기 때문에 피해가 컸어. 그에 반해 중공군은 세계 최강 미군을 이겼다는 자부심이 하늘을 찌르고 있었단다.

1951년 2월, 유엔군의 반격이 시작되자 중공군은 강원도 횡성과 경기도 양평에서 대규모 공세를 시작했지. 횡성에서는 단 4시간 만에 국군 장교 323명과 사병 7,412명이 죽거나 실종됐어. 하지만 포기하지 않고 끈질기게 싸웠고, 그 후에 있었던 지평리 전투에서는 큰 승리를 거두었지.

어렵게 승기를 잡은 유엔군은 3월 15일에 서울을 되찾았고, 주저없이 강원도 철원까지 나아갔어. 유엔군과 중공군은 38도선 부근에서도 치열하게 싸웠지. 유엔군은 막강한 화력으로 중공군의 보급로를 공격해 무기와 식량의 공급을 막았어. 먹을 것

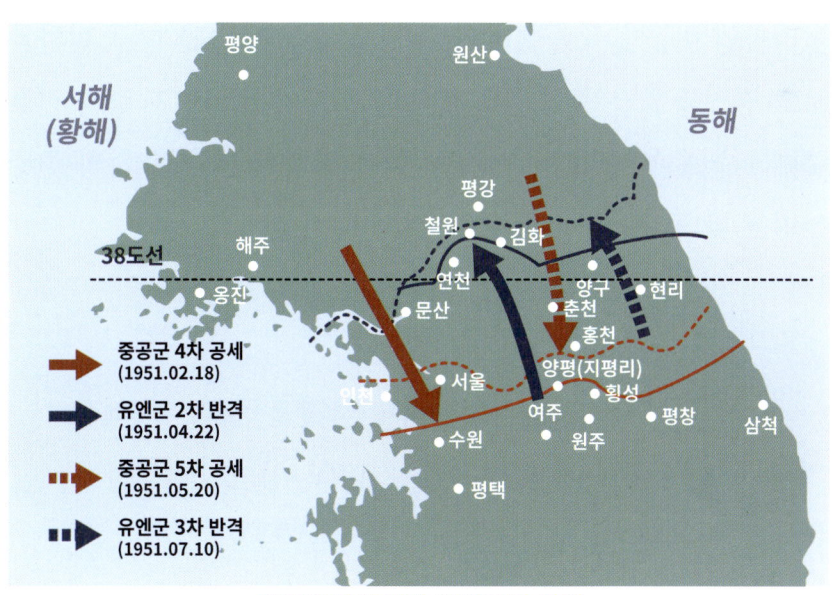

중공군의 공세와 유엔군의 반격

이 부족해지고 전사자가 점점 늘어난 중공군은 14일 이상 공격을 할 수 없었지. 유엔군은 중공군의 약점을 이용하여 더 세게 반격을 이어갔단다.

전쟁의 전환점이 된 지평리 전투

2월 13일부터 16일까지 있었던 경기도 양평의 지평리 전투는 6·25전쟁의 흐름을 바꾼 중요한 전투였지. 미군은 사흘 밤낮으로 지평리를 방어하면서 몇 번 어려운 고비를 맞았어. 사방이 적에게 둘러싸인 최악의 상황에서도 프리먼(Paul L. Freeman) 대령은 치밀한 전술을 세웠고 실전 경험이 많은 프랑스군과의 연합작전으로 버틸 수 있었단다.

그때, 리지웨이 장군은 전차 특수임무부대를 보내 중공군에 둘러싸인 미군을 구출했어. 포위망을 뚫고 나타난 미군 전차를 보고 전의를 잃은 중공군은 철수해 버렸지. 프리먼 대령은 전투 중에 다리를 다쳤지만, 작전이 끝날 때까지 부대를 지휘했어. 그리고 끝내 중공군을 무찔렀단다.

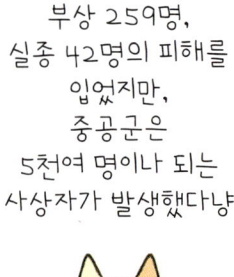

유엔군은 전사 52명, 부상 259명, 실종 42명의 피해를 입었지만, 중공군은 5천여 명이나 되는 사상자가 발생했다냥

전의
(戰意)
싸우고자 하는 의욕

프리먼 대령
"내 부상은 괜찮아! 내가 부하들을 이끌고 여기에 왔으니, 내가 반드시 이들을 데리고 나갈 것이다!"

서울을 되찾으려면 반드시 지켜야 하는 길목에 지평리가 있

었어. 그래서 단순히 방어에 성공했다는 것 이상의 의미가 있었지. 중공군이 참전하고부터 유엔군은 매번 후퇴만 했었는데 지평리 전투는 달랐어. 처음으로 중공군을 물리친 미군은 희망을, 반대로 중공군은 좌절감을 맛보게 되었지. 그렇게 우리는 서울과 38도선을 되찾았고, 한강 북쪽으로 전진할 수 있었단다.

진정한 싸움꾼, 프랑스의 몽클라르

6·25전쟁이 벌어지자 프랑스는 전투부대를 보내주었지. 제1, 2차 세계대전에서 18번이나 상처를 입고도 큰 공을 세웠던 몽클라르(Ralph Monclar) 장군이 대대장으로 왔단다. 그는 원래 예비역 중장이었는데, 6·25전쟁이 터지자 프랑스군 지휘관으로 자원했어. 3성 장군 출신이 스스로 4단계나 계급을 낮춰 참전한 거야. 그런데 58세 예비역 중장이 중령 계급으로 참전하겠다니 프랑스 국방성이 발칵 뒤집혔지. 몽클라르 장군은 난감해하는 국방부 차관을 이렇게 설득했어.

몽클라르 장군 (본명: 라울 마그랭 베르느레)

"한국전쟁에 참전할 수 있다면 중령이라도 좋다. 계급은 중요하지 않다. 계급을 낮춰도 좋으니 나를 한국으로 보내 달라. 내 자식에게 유엔군의 한 사람으로서 평화라는 숭고한 가치를 위해서 참전했다는 긍지를 물려주고 싶다."

예비역
(豫備役)
현역을 마친 사람에게 일정한 기간 동안 부여되는 병역. 평상시에는 일반인으로 생활하다가 국가 비상시나 훈련 기간에 소집되어 군무에 종사함

3성 장군
(Lieutenant General)
군대 계급 중의 하나로 중장으로 불리며 소장의 위, 대장의 아래 계급임. 통상 군대에서 군단장 또는 참모차장의 직책을 맡음

대대는 5~600명 규모의 군대로 당시 프랑스는 제2차 세계대전을 끝낸 지 얼마 되지 않아 많은 병력을 보낼 수는 없었다옹!

중공군은 프랑스 군대를 집중 공격했지. 몽클라르 중령은 총알이 빗발치는 전쟁터 맨 앞에 서서 지휘했어. 새벽 2시, 중공군이 사방에서 나팔을 불어대면서 새카맣게 떼를 지어 몰려왔지. 예전 같으면 밤새 울리는 나팔과 피리 소리에 혼이 빠졌을 텐데 이때는 전혀 달랐단다. 프랑스군은 미리 준비한 대로 중공군의 피리와 나팔소리에 대항하여 사이렌 소리를 더 크게 울렸어. 커다란 사이렌 소리에 오히려 중공군이 당황하며 우왕좌왕했지. 기세가 오른 프랑스군은 포병의 지원 사격에 힘입어 백병전으로 큰 승리를 거뒀어. 그러자 중공군은 발 빠르게 도주하고 말았지.

우왕좌왕
(右往左往)
이리저리 왔다 갔다 하며 일이나 나아가는 방향을 종잡지 못함

영국군 글로스터 대대의 혈전, 설마리 전투

중공군은 70만 대군을 모아서 다시 서울을 점령하려고 벼르고 있었어.

1951년 4월 22일, 파주시 설마리에서 영국군 29여단 글로스터(Gloucester)부대원 662명이 순식간에 중공군에게 포위되었지. 인해전술에 밀리고, 탄약도 떨어져 가니 영국군은 철수를 허락해달라고 요청했어. 그런데 오히려 '어떤 수를 쓰더라도 자리를 지키라'는 명령이 떨어졌지.

유엔군은 급하게 군수물자를 공중 지원했어. 그런데 엉뚱하게 중공군 지역에 떨어뜨려 버리고 만 거야. 게다가 글로스터 대대를 구출하러 출동한 부대마저 공격을 받고 후퇴하고 말았지. 이때 글로스터 대대의 제임스 칸(James P. Carne) 대대장은 중대 단위로 탈출하라고 명령했어. 그러면서도 자신은 마지막까지 싸우겠다고 했는데, 일부 참모들도 그의 뜻에 함께했단다.

남아있던 50여 명은 다른 대원들이 무사히 탈출할 수 있게 지켜주며 끝까지 싸웠지. 그런 노력에도 불구하고 글로스터 대대는 대부분 죽거나 포로가 됐어. 제임스 칸 대대장도 포로가 되어 수용소에서 어려움을 겪다가 포로 교환 때에야 돌아올 수 있었지. 이렇게 한 개 대대가 거의 전멸했지만 얻은 성과도 컸단다. 10배가 넘는 중공군에 맞서 싸우며 끝까지 버틴 덕분에 유엔군과 국군은 새로운 방어선을 만들 수 있었어. 그리고 결국 서울을 지켜냈지.

혈전
(血戰)
생사를 가리지 아니하고 맹렬하게 싸우는 전투

글로스터 대대가 설마리 전투 70주년을 맞이해 만든 기념 뱃지다옹

칸 대대장

군의관

군목

군목
(軍牧)

각 부대에서 기독교
인 장병들의 신앙생
활과 관련된 일을
맡아보는 목사

군의관
(軍醫官)

군대에서 의사의 임
무를 맡고 있는 장
교

위생병
(衛生兵)

군인들의 위생과 간
호에 관한 일을 맡
아보는 병사

칸 대대장 : 상황이 긴박하니 중대별로 흩어져서 떠나라. 명령이다!

군목 : 대대장님! 저는 남아서 대대장님을 돕겠습니다.

칸 대대장 : 안 돼! 왜?

군목 : 싸우다 보면 전사자가 생길 텐데 … 그들의 영혼을 위해 기도

하고 장례식을 제가 주관해야 합니다.

군의관 : 저도 함께 싸우겠습니다.

칸 대대장 : 군의관은 왜?

군의관 : 부상자가 생겼을 때 저와 위생병이 치료해줘야 합니다.

칸 대대장 : … 고맙다. 생명은 하나님께 맡기고 함께 싸우자!

파주 설마리 감악산 출렁다리
2016년 개통 당시 글로스터 대대원들을 기억하기
위해 '글로스터 영웅의 다리'라고 이름을 붙혔단다.

**설마리 계곡 참호에서
전투 중인
글로스터 대대원들**

용문산 전투와 파로호 전투의 승리

국군 최대의 흑역사 사창리와 현리 전투

후퇴하던 중공군은 1951년 4월과 5월, 두 차례에 걸쳐 다시 공격해왔어.

4월 21일, 국군 6사단은 강원도 화천군 사창리에서 중공군의 공격을 받았지. 한밤중 기습으로 인해 국군은 크게 당황했고 도망가기에 급급했어. 한 병사는 너무 창피해서 "계속 흐르는 눈물을 마셔 후퇴하는 내내 목이 마르지 않았다"라고 말할 정도였단다.

> **흑역사
> (黑歷史)**
> 없었던 일로 치거나
> 잊고 싶을 만큼 부
> 끄러운 과거

강원도 인제군 현리에서 벌어진 전투 또한 최악의 패배였어. 국군은 54만 명이라는 어마어마한 숫자로 공격해오는 중공군에 겁을 먹고 전투다운 전투 한 번 못했지. 무려 70㎞나 후퇴하면서 많은 병사가 포로로 잡히게 됐어. 이렇게 중공군은 전력이 강한 유엔군과 싸우기 보다는 상대적으로 약한 국군을 주로 공격했단다.

현리 전투 이후, 미 8군 밴 플리트 사령관은 한국군을 직접 지휘했지. 이때부터 국군의 전시작전권이 미군에 완전히 넘어가게 됐어. 전쟁 중이었지만 밴 플리트 장군은 한국군의 체계를 기초부터 다지고 힘을 키우기 위해 무척 노력했지. 이것이 기초가 되어 이제는 6 · 25전쟁 당시와 비교할 수 없을 정도로 우리나라의 군사력이 강해졌어. 군사력이 강할수록 적이 우리나라를 넘볼 수 없게 된단다.

전시작전권
(戰時作戰權)
전쟁이 발발할 때에 작전할 수 있는 권리

현리전투에서 패배 후 국군 제3군단은 해체되고 육군본부의 작전권이 모두 유엔군에게 넘어가게 되었단다.

사창리 전투 패배의 부끄러움을 씻은 용문산 전투

국군은 양평군 용문산과 화천군 파로호에서 큰 승리를 거두었어. 사창리 전투와 현리 전투의 뼈아픈 실패를 딛고 이루어 낸 값진 승리였지. 용문산 전투에서 국군은 중공군 3개 사단을 격파했어. 이 승리의 주인공은 사창리 전투에서 중공군에게 치욕적으로 패배한 국군 6사단이었지. 국군 6사단장 장도영 장군은 명예를 되찾을 기회를 엿보며, 미군 윌리엄 호지(William M. Hoge) 장군에게 찾아갔어.

호지 장군 : 당신에게 한국군 지휘권을 주겠소.

장도영 장군 : 우리를 맨 앞에서 싸우게 해 주시오!

호지 장군 : 우리는 평지에서 싸우며 화력지원 할테니 한국군은 산악지역을 맡으시오.

진지
(陣地)
언제든지 적과 싸
울 수 있도록 설비
또는 장비를 갖추
고 부대를 배치하
여 둔 곳

결사
(決死)
죽기를 각오하고 있
는 힘을 다할 것을
결심함

경계진지
(警戒陣地)
경계진지는 주 방어
선 전방에 적의 기
습 공격을 미리 막
기 위해 운용하는
진지를 말함. 경계
부대는 결정적인 전
투를 하지 않고 보
통 적의 공격을 경
고하고 뒤로 빠지거
나 소규모 전투를
수행함

역공
(逆攻)
공격을 받던 편에서
거꾸로 맞받아 하는
공격이나 공세

장도영 장군은 "지금까지 우리 6사단은 한 번도 패한 일이
없는데 사창리 전투에서 망쳐 놓았다. 이 더러워진 명예를 씻기
위해 우리는 앞으로 죽음을 각오하고 싸워야 한다. 이제 후퇴
는 없다. 한 발짝도 물러설 생각 말고 진지를 끝까지 지켜라"고
했어. 그리고 2연대를 앞에 배치하고 주력부대는 뒤쪽인 용문
산에서 적을 기다리도록 했지. 이에 장병들은 머리띠와 철모에
'결사(決死)'라는 글자를 새기고 이를 갈며 전투에 들어갔어.

5월 17일 밤, 끈질긴 6사단의 저항에 중공군은 주력과 예비
부대까지 싹싹 긁어 모아 5만 명을 투입했지. 경계진지에서 국
군이 너무 잘 싸우니까 중공군은 그곳을 주 방어선으로 착각했
어. 이때부터 네 차례나 이어진 중공군의 공격에 국군은 죽기를
각오하고 방어했단다. 그리고 미 공군은 중공군에 포탄 30만
발을 퍼부으며 국군을 도왔지. 캄캄한 밤, 조명탄 불빛으로 개
미 떼 같은 중공군을 보고도 누구도 도망가지 않았어. '두 번의
패배는 없다'라는 각오로 다음날 새벽까지 고립된 채로 중공군
에 당당하게 맞서 싸웠단다.

5월 20일 오전 5시, 지친 중공군은 후퇴하기 시작했어. 대기
하고 있던 국군 예비부대는 중공군이 예상하지 못한 곳에서 역
공을 시작했지. 3일 동안 이어진 치열한 전투 끝에 6사단은 중
공군 3개 사단을 북한강 북쪽으로 완전히 몰아낼 수 있었어. 겹
겹이 쌓인 중공군의 시체가 미끄러워 올라갈 수 없을 정도였다
고 하니 얼마나 치열한 전투였는지 알 수 있지?

용문산 전투에서 잡힌
중공군 포로

용문산 전투 당시 6사단 장병들이
철모에 새긴 '결사' 문구

은성무공훈장
(銀星勳章,
Silver Star
Medal)

미국 군대에서 수여하는 명예훈장, 십자수훈장에 이어 3번째로 높은 훈장

전방
(前方)

적을 바로 마주하고 있는 지역

돌격
(突擊)

공격 전투의 마지막 단계에 적진으로 돌진하여 공격함

자동화기
(自動火器)

기관총, 기관포, 자동 소총 등과 같이 자동으로 장전·발사되는 총포

미국 은성무공훈장을 받은
6·25전쟁 영웅 서기종 일병

중공군은 용문산 지역에서 국군 6사단의 경계부대인 2연대를 집중적으로 공격했고, 2연대는 격렬히 저항했다. 당시 2연대 3대대 10중대 소속 서기종 일병은 용문산 전방 353고지 왼쪽을 방어하고 있었다.

5월 19일, 중공군은 약 15m 앞까지 접근했지만 국군이 중공군을 막아내기엔 버거운 상황이었다. 소대장도 전사하고 위기감을 느끼던 때, 서 일병은 "물러서면 전부 죽는다. 지원부대가 곧 온다"고 외치며 앞장서 돌격했다. 이를 보고 용기를 얻은 중대원들도 함께 끝까지 싸워 고지를 지킬 수 있었다.

5월 20일 새벽, 중공군이 다시 공격해오자 자동화기를 쏘던 사수가 적군의 총에 맞고 쓰러졌다. 그러자 옆에 있던 서 일병은 곧장 사수 대신 자동화기를 쥐고 총을 쏘기 시작했다. 그렇게 많은 중공군을 죽였지만, 서 일병은 총알 7발을 맞고 쓰러지고 말았다. 이를 본 중대원들은 다시 목숨을 걸고 싸웠고, 결국 중공군을 물리쳤다.

국군인데 어떻게 미국 훈장을 받았지?

은성무공훈장은 미국의 적에 대항하여 용감히 싸운 사람에게 주는데, 미군이 아닌 동맹군에게 수여되기도 한다냥!

6·25전쟁에서 절대 잊지 말아야 하는 사실은, 대한민국 국군이 잘 싸웠다는 것이다. 대한민국 군인들은 정말 훌륭하게 싸웠고 자신의 나라를 지켰다!

영국 참전용사의 말이다냥

중공군에 대승을 거둔 파로호 전투

1951년 5월, 국군은 파로호 전투에서 큰 승리를 거뒀어. 중공군의 사기는 바닥을 쳤고 전투력은 점점 약해졌지. 하늘을 찌르던 기세도 미군의 막강한 화력 앞에선 무용지물이었던 거야. 국군 6사단은 미 9군단과의 연합 작전으로 후퇴하는 중공군을 압박했어. 방어선을 한 뼘이라도 더 올려서 우리나라 영토를 지켜야 한다는 사명감으로 말이야.

국군은 5월 24일부터 열흘간 춘천 지암리와 화천 저수지에서도 열심히 싸웠어. 중공군이 화천 부근 계곡에 무리지어 모여 있는 것을 발견하고 미군은 바로 탈출로를 막아버렸지. 그리고

> **무용지물**
> **(無用之物)**
> 쓸모없는 물건이나
> 사람

퇴로
(退路)
뒤로 물러날 길

오랑캐
예전에는 야만적인
종족이라는 뜻으로
두만강 일대의 만주
지방에 살던 여진족
을 멸시하여 부르던
말이지만 여기서는
중공군을 가리킴

국군이 살짝 열어둔 퇴로로 중공군이 몰려오자 기관총으로 집중 사격을 했어. 무기를 버린 채 도망가던 중공군은 화천 저수지로 뛰어들기도 했지. 그렇게 중공군은 대부분이 익사하거나 포로가 되었단다.

화천 저수지에서 국군이 크게 이기자 이승만 대통령은 이곳을 '파로호(破虜湖)'라고 이름 붙였어. 파로호는 '오랑캐를 크게 이긴 호수'라는 뜻이야. 이 승리로 인해 화천 수력발전소를 지킬 수 있었고, 전쟁 중 전력난을 조금이나마 극복할 수 있었지. 그리고 휴전선 근처까지 전선이 넓어졌어. 반면에 공산군은 적화통일의 욕심을 완전히 접고 휴전회담을 제안하게 된단다.

국토 정중앙을 상징하는 한반도 모양의 섬이
파로호 상류 인공습지에 만들어진 모습

미 해병대가 포기한 도솔산을 점령하라!

17일간의 전투, 24개 고지 점령

강원도 양구에 있는 도솔산은 먼저 차지하는 쪽이 유리한 곳이었어. 그래서 미군은 도솔산을 되찾으려고 애썼지만 높은 곳에서 방어하는 북한군을 공격하기가 쉽지 않았지. 북한군은 엄청나게 많은 지뢰를 땅에 묻었고 수류탄과 자동화기로 강하게 저항해 왔어.

미 해병대조차 포기한 고지를 되찾기 위해 우리는 피와 땀을 흘리며 노력했지. 국군이 고지 하나를 점령하면 적군이 다시

산악전
(山岳戰)

높고 험준하게 솟은 산들이 있는 지대에서 하는 전투

위상
(位相)

어떤 사물이 다른 사물과의 관계 속에서 가지는 위치나 상태

이승만 대통령은 전쟁 기간 중 279회나 현장 지도를 했다옹

빼앗는 치열한 전투가 계속 됐어. 그래도 포기하지 않고 두더지처럼 구덩이를 파서 적군이 장악한 고지로 나아갔지. 그리고 1951년 6월 20일, 우리 해병대는 결국 24개 모든 고지를 차지하게 된단다. 그렇게 산악전 사상 유례가 없는 대혈전의 마침표를 찍게 됐지. 그러자 한국 해병대의 위상이 더욱 높아졌어. 이승만 대통령은 도솔산 전투 현장을 직접 찾아와 '무적 해병(無敵海兵)'이란 글씨를 써주며 표창하고 격려했단다.

도솔산 전투의 주역 해병들
북한군이 차지하고 있던 도솔산 고지를 격전 끝에 우리 해병대가 되찾은 산악 전투란다.

깜짝 냥냥 퀴즈!

국군 6사단 장병들이 1951년 5월 '결사 정신'으로 중
공군을 무찌른 전투는?

정답 :

5

휴전과
한미상호방위조약

지루하게 이어진 고지 쟁탈전

휴전협상 당사자들의 '동상이몽'

전쟁이 시작된 지 1년이 지나가면서 유엔군과 공산군은 이 전쟁에서 누구도 이길 수 없다는 생각을 하기 시작했어. 이때 소련이 먼저 휴전협상을 제안했지. 그리고 1951년 7월 10일, 개성에서 휴전회담이 열렸어.

회담 첫날, 유엔군이 유엔기를 꺼내 다니까 북한은 10㎝ 더 높은 곳에 인공기를 꽂았고, 유엔군이 앉을 의자 다리를 자르기까지 했어. 팽팽한 기싸움을 벌이며 전쟁 포로 교환에 관한 협상을 이어갔지. 제네바 협약에 따르면 전쟁이 끝나면 포로는 원래 그들의 나라로 돌려보내야 했거든.

문제는 유엔군 포로가 약 1만 2천명이었던 것에 비해, 공산

동상이몽
(同牀異夢)
같은 자리에 자면서 다른 꿈을 꾼다는 뜻으로, 겉으로는 같이 행동하면서도 속으로는 각각 딴생각을 하고 있음을 이르는 말

인공기
(人共旗)
북한의 국기

제네바 협약
(Geneva協約)
전쟁으로 인한 희생자 보호를 위하여 1864~1949년 제네바에서 체결된 일련의 국제조약

휴전협상을 시작한 유엔군 대표와 북한군 대표(1951.7.10.)

군 포로는 약 13만 명이나 됐던 거야. 그런데 공산군 포로 중에는 북한군이 강제로 동원한 남한 국민까지 있었지. 유엔군은 포로가 원하는 대로 하는 게 어떠냐고 했지만, 북한은 단칼에 거절했어. 그것도 모자라 협상을 중단해버렸지. 총성만 없었을 뿐 또 하나의 전쟁이었단다.

헐!
저게 뭐하는 거야??

유엔군은 승리가 보장되지 않은 전쟁으로 수많은 미군이 목숨을 잃으니까 하루빨리 전쟁이 끝나길 바랐지. 그런데 공산군은 휴전회담을 질질 끌면서 뒤에서는 전투력을 키우고 있었던 거야.

2년 동안 끝날 듯 끝나지 않은 휴전협상은 무려 수백 번이나 이어졌어. 나중에 관련 문서를 쌓으니 그 길이가 2m 10cm나 됐지. 그런데 그 과정에서 '통일 없는 휴전 절대 반대'라는 우리 정부의 입장은 전혀 반영되지 않았어. 우리나라는 그저 지켜볼 수밖에 없었단다.

쌓아놓은 서류 높이가 2m를 넘었던 휴전협상 문서 더미

너무 큰 희생이 따랐던 고지전

반면, 군사분계선 협상은 쉬웠어. 전쟁이 멈추는 순간 차지한 땅을 서로의 영토로 인정하기로 했지. 그래서 1cm의 땅이라도 더 차지하기 위한 전투가 계속됐어. 국토의 65% 이상이 산지인 우리나라 특성상 높은 곳을 차지하는 쪽이 유리했지. 주요 고지를 차지하기 위해 피의 능선, 단장의 능선, 백마고지 전투가 이어졌단다. 뺏고 빼앗기는

고지전
(高地戰)
전략적으로 유리한, 높은 곳에 있는 진지에서 벌이는 전투

능선
(稜線)
산등성이를 따라 죽 이어진 선을 말함

38도선의 고지 쟁탈전이 벌어졌던 주요 고지 위치

치열한 전투에서 전선은 거의 변화가 없었는데, 인명 피해는 어마어마했어. 6·25전쟁 희생자 절반이 고지전에서 나왔으니 말 다했지.

산을 붉게 물들인 피의 능선 전투

리지웨이 사령관은 미군과 국군에게 양구에 있는 983고지를 되찾으라고 명령했지. 983고지를 비롯한 주요 고지를 북한군이 차지하고 있었거든. 적군이 유리한 곳에서 방어하고 있는데, 아래 쪽에서 올라가며 싸우는 건 무척 힘든 일이었어. 많은 희생을 하며 우리가 고지를 차지했다가도 역습으로 다시 내어주는 싸움이 계속 되었지. 1951년 8월 15일부터 9월 5일까지, 고지에 떨어진 포탄만 무려 42만 발이었어. 매일 포탄이 소나기 내리듯 떨어지니 산봉우리가 2m나 낮아질 정도였지.

집중 폭격으로 풀 한 포기 없는
민둥산이 된 피의 능선 모습

그런데 북한군 지도부는 병사들 발목에 쇠사슬을 채워 도망도 못 가게 했어. 그래서 북한군의 피해가 특히 많았지. 엄청난 사상자로 인해 능선 전체가 피로 물든 것을 목격한 미국 종군기자가 '피의 능선(Bloody Ridge Line)'이라는 제목으로 보도한 이후부터 이 전투가 '피의 능선 전투'라고 불리게 되었단다.

단장의 능선 전투

단장의 능선 전투는 1951년 9월 13일부터 10월 13일까지 강원도 양구군 가칠봉에서 벌어졌어. 이 전투의 이름은 종군기자 스탠 카터(Stan Carter)가 쓴 기사로부터 붙혀졌지. 스탠 카터는 전투 중에 심하게 부상을 입은 한 병사가 부들부들 떨면서 비명을 지르는 모습을 보고, 'Heart Break Ridge'라는 표현을 썼던 거야. 그때부터 '단장의 능선 전투'라 불리게 됐단다.

단장의 능선 전투는 피의 능선, 백마고지 전투와 함께 가장 치열했던 전투였어. 그래도 포기하지 않고 미 2사단과 프랑스군이 합동 작전을 펼쳐서 싸웠지. 특히 미 2사단은 한 달간 계속된 전투에서 포병 화력을 집중했고, 수송부대도 쉬지 않고 병력과 군수물자를 지원했어.

단장의 능선, 931고지에서 싸우고 있는 미군 병사들

'한국에 뿌려달라' 유언한 프랑스군 참전용사

모리스 나바르씨 유언에 따라
931고지에
유골을 뿌리는 장면

2007년 9월 22일, 단장의 능선 전투가 있었던 931고지에서 참전용사였던 모리스 나바르(Maurice Navarre)의 유골을 바람에 날리는 풍장이 진행되었다. 그는 "내가 죽은 후 유골을 전우들이 잠들어 있는 한국의 931고지에 뿌려달라"는 유언을 남겼던 것이다.

유골
(遺骨)
주검을 태우고 남은 뼈. 또는 무덤 속에서 나온 뼈

풍장
(風葬)
시체를 태우고 남은 뼈를 추려 가루로 만든 것을 바람에 날리는 장사

42번의 백병전으로 얻은 저격능선 전투

고지 주인이
12번이나
바뀔 정도로
치열한 전투였다니
얼마나 많은 사람들이
다치고 죽었을까

저격
(狙擊)

일정한 대상을 노려
서 치거나 총을 쏨

1952년 10월 14일부터 11월 24일까지, 국군 2사단과 중공군 15군이 철원 지역 저격능선에서 맞붙었어. 저격능선은 가파른 돌산이어서 공격하기가 무척 힘들었지. 그래도 국군은 무려 42번에 걸친 백병전을 벌여서 고지 주인이 12번이나 바뀌는 치열한 싸움을 했어. 중공군은 이 지역에 거대한 구덩이와 통로를 파놓고 있었지. 그들이 파놓은 구덩이 길이를 다 합치면 지구한 바퀴 반을 돌 수 있을 정도였다고 해.

11월 24일, 국군은 중공군의 강력한 저항을 뚫고 드디어 고지의 마지막 주인이 됐어. 유엔군은 전차, 대포 같은 화력을 앞세웠고, 인원수로 맞서는 중공군과 싸워 이겼지. 치명적인 타격을 입은 중공군은 철수할 수밖에 없었고 말이야.

저격능선이라는 이름은 중공군이 미군을 저격해 피해가 발생하자 미군들이 스나이퍼 리지(Sniper Ridge)로 부르면서 알려졌

남쪽에서 바라본 저격능선의 현재 모습

어. 하지만 정전협정을 며칠 앞둔 '중공군의 7.13 공세' 때 저격 능선도 중공군에게 빼앗기고 말았단다.

고지 주인이 7번이나 바뀐 백마고지 전투

1952년 10월 6일, 중공군 45,000명은 국군 9사단이 점령한 강원도 철원의 백마고지를 공격했어. 밀고 밀리는 전투가 이어졌고, 12번의 공방전을 치르며 고지의 주인이 7번이나 바뀌었지. 그러는 동안 우리 병사의 피해가 늘어났어. 그렇다고 포기할 국군이 아니었지. 강승우 소위, 오규봉 일병, 안영권 일병은 "뒤를 부탁한다"라는 말을 남긴 채, 수류탄 뭉치를 들고 적진으로 뛰어들었어. 국군의 승리를 위해 하나뿐인 생명을 바친 거야. 그렇게 중공군의 기관총 진지는 박살이 나버렸고, 우리는 백마고지를 손에 넣을 수 있었단다.

백마고지 전투는 영화 '고지전'의 소재가 되었다냥

치열한 전투가 벌어졌던 백마고지 실제 모습

백마고지 전투 삼용사의 동상
강승우 소위, 오규봉 일병, 안영권 일병은
나라를 위해 고귀한 목숨을 바쳤어.

10월 15일, 국군이 백마고지를 되찾게 되면서 밤낮없던 전투는 비로소 멈췄어. 백마고지 전투에서 많은 피해를 입은 중공군은 이후 고지전에 두려움을 가졌지. 이곳에 쏟아졌던 포격으로 인해 풀 한 포기도 볼 수 없는 벌거숭이산이 됐어. 그 위에 화약 연기와 하얀 재가 쌓여 있는 모습이 마치 누워 있는 흰 말과 같다고 해서 '백마고지'라는 이름이 붙게 되었단다.

백마고지 전투에서 이기고 난 후, 밴 플리트 장군은 "9사단이 이렇게 잘 싸울 줄은 몰랐다"라며 칭찬을 아끼지 않았어. 1973년에는 어린이대공원에 '백마고지 삼용사' 동상을 세워 이들의 숭고한 희생을 기리고 있단다.

대한민국 공군의 승호리철교 폭파 작전

평양 근처 남강을 가로지르는 승호리철교는 북한군에게 중요한 곳이었어. 마오쩌둥이 지원한 군수물자가 이 다리를 통해 전쟁터까지 운반되었기 때문이지. 그래서 미군은 승호리철교를 폭파시켜 버렸어. 그런데 알고보니 북한군은 200m 떨어진 지점에 또 다른 철교를 만들며 미군의 폭격에 대비하고 있었던 거야. 미군 폭격기가 500번 넘게 공격을 시도했는데도 새로운 철교는 끊지 못했지. 그러자 미군은 한국 공군에게 철교 폭파 임무를 맡겼어. 하지만 6·25전쟁이 일어난 후에야 전투기를 처음 도입했던 우리 공군은 경험이 너무나 부족한 상황이었단다.

1952년 1월 12일, 높은 하늘에서 포탄을 떨어뜨려 봤지만 철교를 끊을 수 없었어. '비록 돌아오지 못하는 일이 있어도 철교만은 반드시 폭파하고야 말겠다'는 각오로 1월 15일에 다시 출격했지. 김신 대령은 4,000피트 높이에서 비행하다가 1,500피트까지 내려가 포탄을 떨어뜨렸어. 낮게 비행하면 정확한 곳에 포탄을 떨어뜨릴 수 있었지만, 북한군의 공격을 받기도 쉬웠기 때문에 생명을 건 작전이었단다. 그런데 이 작전이 통했던 거지. 포탄이 철교 기둥을 정확하게 맞췄고, 철교가 무너져 내렸어. 뿐만 아니라 주변 군사시설까지 공격해서 그 일대를 쑥대밭으로 만들었지.

작전에 성공했다는 소식을 들은 미군은 설마하다가 사진을 보고서야 믿었어. 북한군은 또다시 폭격이 있을까 봐 무서워서

김신 대령은 나중에 공군참모총장으로 진급했어

미군 공군도
못한 일을 우리 공군이
목숨 걸고 해냈다냥

철교를 다시 세울 엄두도 못 냈지. 승호리철교 폭파 작전은 열악한 환경에서 이루어낸 값진 결과였어. 그리고 이 작전은 우리 공군의 명예를 드높인 전투로 기록되었단다.

전단지를 통한 치열한 심리전

전쟁이 길어지자 유엔군과 공산군은 전단지를 뿌리며 심리전을 펼쳤다. 유엔군의 전단지는 북한 공산군이 먼저 불법으로 침략했으며 자유대한민국으로 항복하라는 내용이었다. 반면, 공산군의 전단지는 미군을 자본주의 앞잡이로 표현하며 우리 민족끼리 힘을 합해 미국에 맞서 싸우자는 내용이었다. 총과 대포로만 싸우는 전쟁이 아닌 서로의 심리를 건드리는 보이지 않는 싸움도 계속되었다.

유엔군 전단
'그대는 누구를 위해 싸우나?'

유엔군 전단
'자유 유엔을 선택하라!'

북한군 전단
'유엔군을 부산 앞바다에 빠뜨려라!'

북한군 전단
'미 제국주의를 타격하라!'

이런 삐라도
있다냥!

맥아더 사령관이
서명한 안전보장 증명서

휴전협상, 그 길고 긴 터널

미국의 휴전 정책 vs 한국의 휴전 반대

무력으로 한반도를 통일시킬 힘과 능력이 충분히 있었던 미국이 처음부터 휴전할 생각은 아니었어. 그런데 전쟁이 길어지면서 미국 경제까지 힘들어지기 시작했지. 게다가 한창 일할 청년들이 100만 명 넘게 전쟁에 투입되었는데, 성과는 없고 사상자만 늘어나니까 전쟁을 반대하는 사람들이 생겨났던 거야.

이런 분위기 속에서 미국 공화당 대통령 선거후보였던 아이젠하워(Dwight D. Eisenhower)는 공약으로 '6·25전쟁의 휴전'을 내세웠어. 그렇게 대통령에 당선되었고, 휴전을 둘러싸고 한국과 미국 사이에 갈등이 점점 더 깊어지기 시작했지.

공약
(公約)
정부, 정당, 입후보자 등이 어떤 일에 대하여 국민에게 실행할 것을 약속함 또는 그런 약속

우리는 대통령뿐만 아니라 국민 대다수가 '통일 없는 휴전반대'를 외쳤어. 이승만 대통령은 유엔군과 미군이 휴전선을 남겨두고 떠난다면, 한반도의 평화는 지켜지지 않을 거라고 보았지. 중공과 소련이 있는 한 북한은 또다시 전쟁을 일으킬 것이고, 제2의 6·25전쟁이 일어날 것이

'통일 없는 정전 반대'
현수막을 들고
시위하고 있는 시민들

'통일 아니면 죽음을 달라'는
영어 팻말 아래 구호를 외치는 여학생들
(1953.6.10.)

뻔했던 거야. 그래서 국민들은 남녀노소 할 것 없이 길거리로 나섰어. 심지어 전쟁 중에 다쳐서 제대한 병사들까지 나와서 휴전 반대를 외쳤지. 전쟁 당사자인 우리나라의 주장을 무시하고 휴전협상이 진행되는 것에 국민들은 분노했단다.

휴전회담이 길어지면서 전쟁포로와 군사분계선에 대한 밀고 당기는 기싸움이 계속됐어. 유엔군 관계자들은 머리가 복잡해졌지. 그 와중에 이승만 대통령이 북진통일을 주장하며 휴전을 반대하니, 미국은 도저히 이해할 수 없었던 거야.

각 국이 원하는 만큼 군사분계선을
그리고 있는 양측 대표

에버레디 계획(Operation Ever Ready)

눈엣가시
몹시 밉거나 싫어
늘 눈에 거슬리는
사람

미국은 자신들과 다른 주장을 펼치는 이승만 대통령이 눈엣가시처럼 느껴졌지. 여러 가지 방법으로 이 대통령의 마음을 돌려보려 했지만, 그는 고집을 꺾지 않았어. 휴전회담이 빠르게 진행될수록 오히려 더 강력하게 목소리를 냈지. 동시에 국민들의 시위는 전국으로 번져갔어. 그러자 미국은 1953년 5월, 이승만을 대통령직에서 물러나게 하는 '에버레디 계획'을 다시 실행하고자 했지. 하지만 미국은 결국 이를 없었던 것으로 했어. 이승만을 대체할 강력한 반공지도자가 없다고 생각했기 때문이야. 미국과 극단적인 갈등을 감수하면서까지 이 대통령이 얻고자 했던 것은 대한민국의 안전보장이었지.

1952년 부산정치파동 등 혼란 정국 속에 수립된 '에버레디 계획'은 클라크 사령관에 의해 미 합참에 보고되었지만 이 대통령이 8월 재선에 성공하며 계획은 폐기되었단다.

중앙청 앞에서 벌어진 휴전 반대 시위

반공포로석방이 가져온 엄청난 파장

지루한 협상과 고지전을 끝낼 수 있는 계기가 찾아왔어.

1953년 3월 5일, 스탈린이 갑자기 세상을 떠나게 된 거야. 전쟁이 계속 되기를 원했던 스탈린이 사망하자 휴전협상이 갑자기 순조롭게 진행됐지. 4월 11일, 드디어 부상병 포로 교환 협정이 이루어졌단다.

포로교환이 성사되었지만, 반공포로 3만여 명은 공산주의가 싫어 남한에 남고 싶어 했어. 공산군에 강제로 끌려가 의용군이 된 병사들도 많았고, 남한에서 살아보니 자유민주주의가 좋은 제도란 것을 알게 된 거지.

북한은 포로가 원하는 나라로 보내는 자유송환에는 합의했지만, 그 과정에서 북한의 송환위원회가 90일간 설득할 수 있

반공포로 (反共捕虜)
북한 군인이지만 공산주의를 반대하던 포로들을 의미

의용군 (義勇軍)
국가나 사회의 위급을 구하기 위하여 민간인으로 조직된 군대의 군인

부상병 포로교환 협정서에 서명하는 양측 대표단(1953.4.11.)

도록 하는 조항을 넣었어. 그렇게 되면 실제로는 포로들이 원하는 국가로 가지 못할 가능성이 높았지. 이승만 대통령은 우리 청년들을 강제로 공산국가에 보내지 말라고 항의했지만, 약소국 대통령의 항의는 무시당할 수밖에 없었단다.

1953년 5월, 이 대통령은 대한민국의 생존과 안전보장을 위해 아이젠하워 대통령에게 한미상호방위조약을 체결할 것을 요청했어. 하지만 미국의 부담을 조금이라도 줄이고 싶었던 아이젠하워 대통령은 거절했지. 뿐만 아니라 휴전협정에 협조하라고 거세게 압박했어.

미국과의 동맹은 커녕 포로 문제도 해결이 되지 않을 것 같자 이 대통령은 과감한 정치적 결단을 내렸단다. 원용덕 헌병사령관에게 3만여 명의 반공포로를 구출하도록 명령했어. 지시를

한국군은 몰래
준비한 고추가루를
미군에게 뿌리고
정문을 통과하기도 했다냥~

받은 헌병들은 미군 몰래 군데군데 철조망을 잘라두는 등 미리 준비를 했지. 그렇게 1953년 6월 18일 새벽 0시, 반공포로 석방이 기습적으로 이뤄졌어. 미군의 경계가 느슨한 틈을 타 한 번에 탈출시켰는데, 그 수가 무려 27,389명이나 됐지.

휴전회담에 기대를 걸었던 사람들은 자신들의 노력이 물거품이 될까 봐 걱정했어. 특히 아이젠하워 대통령은 "이승만은 이제 우리의 동지가 아니다. 그를 제거할 계획의 실행을 검토하라"라며 화를 냈지. 그러고는 곧바로 비상사태를 선포하고 국가안전보장회의(NSC)를 소집했어. 영국의 처칠 수상도 이 소

부산시에 있던
제5 포로수용소의 절단된 철조망

이승만 대통령의 사진을 들고 행진하는 반공포로들(1953.6.18.)
예상치 못한 반공포로 석방은 국·내외로 엄청난 파장을 불러왔어.

자유대한민국 품에 안긴 반공포로가
감격하는 모습(1953.6.18.)
대한민국 만세를 목청껏
외치고 있는 모습이야.

식을 듣고 깜짝 놀라며, 이 대통령을 비난했지. 그런데 얼마 후 이 대통령은 "우리의 안보를 생각해 어쩔 수 없었다. 이에 따른 모든 책임은 대통령인 내가 지겠다"라고 발표했어. 이 뚝심 있는 결단은 대한민국의 미래를 안전하게 지키는 매우 중요한 조약을 맺는 데에 결정적인 역할을 했단다.

거제도 포로수용소

전쟁 중에 포로로 잡힌 북한군과 중공군은 포로수용소에 수용되었다. 그중에서 규모가 가장 큰 거제 포로수용소에 북한군 13만여 명과 중공군 3만여 명이 수용되어 있었다. 한편, 그들 사이에서도 공산군이긴 하지만 공산주의에 반대하는 반공포로와 공산주의를 찬양하는 친공포로로 나뉘었다. 친공포로는 남한에 남으려는 반공포로 3백여 명을 학살했다. 수용소 안에서도 이념 전쟁이 벌어진 것이다.

1952년에는 돗드(Francis Dodd) 수용소장이 친공포로에게 납치되기까지 했다. 돗드 준장은 간신히 풀려났지만, 포로 관리에 많은 문제점을 남겼다. 이 일로 포로들은 전국 각지에 나뉘어 수용됐고, 거제 포로수용소에는 친공포로들만 남게 되었다. 1953년 7월 27일, 정전협정이 체결되어 친공포로들은 북한으로 보내졌고, 반공포로들은 풀려나 대한민국 국민이 되었다. 지금은 수용소 건물 일부가 6 · 25전쟁의 참혹함을 증언하는 역사 교육 현장으로 이용되고 있다.

정전협정
(停戰協定)
전쟁 중에 있는 나라들이 일시적으로 전투를 중단하기로 합의하여 맺은 협정

하늘에서 내려다본 거제 포로수용소

이승만의 외교적 승리, 한미상호방위조약

미국 특사의 마음을 돌이킨 이승만의 외교력

반공포로 석방으로 휴전회담이 틀어질까 봐 다급해진 아이젠하워 대통령은 6월 25일, 한국에 특사를 파견했어. 특사였던 로버트슨(Walter S. Robertson) 국무부 극동담당 차관보는 타협하지 않는 이승만을 상대하기 위해 '유엔군 철수'라는 카드까지 준비했지. 하지만 이 대통령은 한술 더 떠서 '한미상호방위조약'이라는 승부수를 준비해놓고 있었단다. 주한미군 철수가 김일성이 전쟁을 일으키게 된 이유라는 것과 휴전하면 한반도는 반드시 공산화될 것이라는 것, 그리고 포로 교환의 문제점 등을 하나하나 지적하며 주장을 굽히지 않았어.

특사
(特使)
특별한 임무를 띠고 나라를 대표하여 외국에 파견되는 사람

한미상호방위조약
(韓美相互防衛條約)
한국과 미국 사이에서, 외국의 침략을 받았을 때에 군사적으로 서로 돕기로 한 법적인 약속

"미국에 대한 우리(한국)의 흔들림 없는 신뢰에도 불구하고 우리는 1910년 한일합병과 1945년 한반도가 둘로 나뉜 것에서 볼 수 있듯이, 과거 두 번씩이나 (미국에 의하여) 배신당했다. 휴전협정 체결은 또 다른 배신이나 마찬가지다."

처음엔 이승만 대통령이 허세를 부리는 것으로 오해하고 강하게 나왔던 로버트슨은 이 대통령의 끈질긴 설득에서 나라를

향한 진심을 보았던 거야. 로버트슨은 회담 중간, 국무성에 전보를 쳤어.

"이승만 대통령은 영민(shrewd)하고 수완 좋은 거래자이지만, 고집불통인 자이다. 정전협정이 공산주의자들의 술책이라 믿고 있다. 이승만의 반공 의식과 불굴의 정신을 존중해야 한다." (1953.7.1. 전보 전문 요약)

영민
(英敏):
뛰어나고 총명하고
판단이 빠름

그래서
이승만 대통령을
외교의 천재라고
부른다냥!

이승만 대통령은 오직 대한민국의 미래를 위해 휴전협정에 반대했어. 하지만 그것이 현실적으로 불가능해지자 동맹 조약을 맺는데 모든 것을 쏟아부었지. 미국은 어떻게든 휴전협정을 맺고 한국에서 떠나려고 했는데, 이 대통령이 덜컥 반공포로를 석방한 거야. 그렇게 되면 휴전협정이 어려워지고 미국은 한국에서 쉽사리 발을 뺄 수 없게 되는 상황이었거든. 더불어 계속되는 전쟁 피로감으로 미국 국민들이 힘들어지면 아이젠하워 대통령의 인기도 떨어지고, 그의 정치 생명까지 위협받는다는 사실을 잘 알고 있었지. 그 약점을 정확하게 파고들어 우리가 필요한 것을 얻어낸 거야.

미국 특사로 한국을 방문하여 이 대통령과 악수하는 로버트슨
로버트슨은 이 대통령과 18일 동안 이어진 회담 후
"그의 반공정신을 높이 기려 한국에 방위조약을 체결해줘야 한다"는
내용의 보고서를 올렸지.

동방의 작은 나라가 미국과 맺은 동맹의 성과

이승만 대통령은 18일 간 이어진 미국 대표와의 회담에서 우리 정부의 뜻을 최대한 주장했어. 결국 휴전협정에 반대하지 않는다는 조건으로 다음과 같은 약속을 받아냈지.

> 첫째, '한미상호방위조약의 체결을 약속한다.'
> 둘째, '미국은 장기간의 경제 원조와 2억 달러의 원조를 약속한다.'
> 셋째, '미국은 한국이 공산군의 공격에 대비하기위해 육·해·공군을 약 20개 사단 수준으로 증강 유지하도록 원조한다.'
> …

원조
(援助)
물품이나 돈 따위로
도와줌

이 대통령은
상호방위조약
체결을 위해
로버트슨 특사와
12번이나 만났지

첫번째 항목은 한국과 미국이 서로의 나라를 지켜주겠다고 하는 약속이야. 이승만 대통령은 북한이 우리나라를 침략하면 미국이 바로 도와준다는 내용을 상호방위조약에 넣으려고 무척이나 노력했어. 실제로 조약에 그런 내용은 없지만 미국은 2개 사단을 서울과 휴전선 사이에 배치하는 것으로 합의했지. 해외에 있는 미군이 공격을 받으면 미국 대통령은 의회의 승인 없이 바로 참전을 명령할 수 있게 되거든. 이로써 북한이 우리나라를 침범하면 자동적으로 미국이 개입하도록 한 거야. 지난 70년 동안 북한의 크고 작은 도발이 많았지만, 이러한 안전장치 덕분

에 전쟁이 일어나지 않고 평화가 유지되고 있는 거란다.

　두번째 항목은 전쟁 후 잿더미가 된 우리나라가 미국으로부터 엄청난 경제 지원을 받고 수많은 기술을 무료로 배울 수 있게 만들었어. 우리나라는 6·25전쟁으로 많은 국민들이 희생됐고 엄청난 경제적 손실을 보았지. 폐허가 된 잿더미에서 나라를 다시 세우는 데는 많은 돈이 필요했어. 이때 미국 정부가 19억 달러라는 큰 돈을 지원했고, 여러 민간단체에서도 도움을 주었지. 그 덕분에 우리나라가 극심한 가난을 극복할 수 있었고, 이를 발판으로 '한강의 기적'을 일구어낼 수 있었던 거야.

　그리고 세번째 항목 덕분에 당시 체계가 제대로 갖춰있지 않았던 한국군이 미국의 도움을 받아 자립할 수 있었어. 미국은 한국군 10개 사단만 돕기를 원했지만, 이승만 대통령은 협상을 통해 20개 사단이 도움을 받을 수 있도록 했지. 이를 통해 우리 군사력이 크게 성장할 수 있었단다.

　이승만 대통령은 한미상호방위조약뿐만 아니라 경제 지원과 한국군 증강 약속까지 얻어냈어. 이것은 우리에게 일방적으로 유리한 약속이었지. 한미상호방위조약 체결로 미국을 한국에 붙잡아 둘 수 있었어. 그 대가로 한국이 지불한 것은 휴전협정을 방해하지 않겠다는 각서 한 장 뿐이었지. 그저 미국이 하는 일에 방해하지 않겠다는 말 한마디로 일찍이 어느 약소국도 받아본 적이 없는 강대국의 파격적인 지원을 받아낸 거란다.

　1953년 7월 27일, 오랜 진통 끝에 휴전협정이 맺어졌어. 8월

당시 19억 달러는
현재 1000억 달러의
가치가 있다고
볼 수 있다냥!

증강
(增強)
수나 양을 늘리어
더 강하게 함

가조인
(假調印)
외교교섭 시 정식으로 약정된 협정문서에 서명하기 전에 초안에 임시로 서명하는 것

8일 가조인하고, 두 달 후인 10월 1일, 워싱턴 D.C.에서 변영태 외무부 장관과 덜레스(John F. Dulles) 국무장관이 한미상호방위조약에 정식으로 서명했지. 한미상호방위조약의 효력은 1954년 11월 17일부터 나타났단다. 한미동맹을 맺을 당시만 해도 우리나라는 힘없는 약소국이었기 때문에 미국과의 관계가 의존적이고 수직적이었어. 하지만 70년이 지난 지금의 한미관계는 한반도의 안보를 넘어서 동아시아 지역의 안보 동반자로 성장했지. 지금 우리가 누리고 있는 자유와 평화 그리고 안락한 삶은 한미동맹 덕분이라고 할 수 있단다.

"한미상호방위조약이 성립됨으로써 우리는 앞으로 여러 세대에 걸쳐 많은 혜택을 받게 될 것이다."

한미상호방위조약에 가조인하는 한미 외교부 장관 (1953.8.8.)
변영태 외무장관과 덜레스 국무장관이 서명하는 모습을 이승만 대통령이 지켜보고 있어.

226

총성은 멈추고 분단은 남은 정전협정

1,129일 만에 드디어 일상으로

회담을 시작한 지 2년 가까이 지난 1953년 7월 27일, 드디어 정전협정이 이뤄졌어. 정전협정서에는 유엔군 대표 해리슨과 북한군 대표 남일이 먼저 서명했지. 회담장에 들어와서 서명을 하고 나갈 때까지 불과 12분밖에 걸리지 않았어. 이후 문산의 유엔군 기지에서 클라크 유엔군 총사령관이 서명하고, 인민군 최고사령관 김일성은 평양에서, 중공군 총사령관 펑더화이는 개성에서 각각 정전협정에 서명함으로써 비로소 총성이 멈추었단다. 국군은 이승만 대통령이 휴전회담에 반대했기에 대표를 보내지 않았지.

6·25전쟁이 발발한 지 3년 1개월 3일 만에 우리는 드디어 일상으로 돌아갈 수 있었어. 역사상 가장 길었던 휴전회담으로

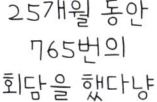

25개월 동안 765번의 회담을 했다냥

정전협정 조인식(1953.7.27.)

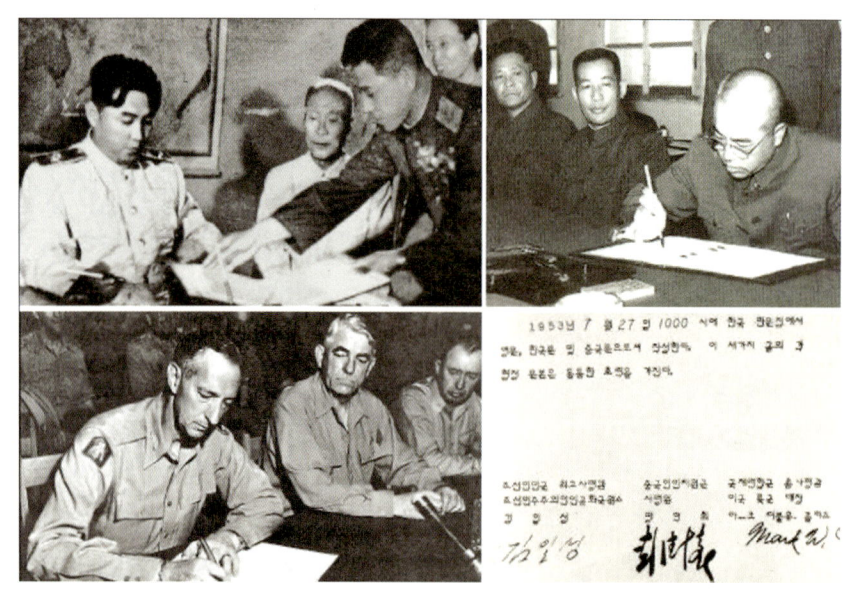

정전협정서에 서명하는 김일성 조선 인민군총사령관(왼쪽 위),
펑더화이 중국 인민지원군 총사령관(오른쪽 위),
클라크 유엔군 총사령관(왼쪽 아래)의 모습과 정전협정서의 서명(1953.7.27.)

'정전'이라는 불완전한 평화를 얻었던 거지. 우리는 종전(終戰)이 아닌 정전(停戰), 즉 전쟁을 잠시 멈춘 상태일 뿐이며 아직 전쟁이 끝나지 않았다는 것을 기억해야 해.

공동경비구역(JSA)

공동경비구역(JSA, Joint Security Area)은 비무장지대의 군사분계선에서 대한민국과 북한이 대면하고 있는 구역이야. 다른 말로 판문점이라고도 하는데, 경기도 파주시와 북한 개성시가 맞닿은 곳에 있단다. 이곳은 휴전 당시 유엔군과 공산군이 원만한 회의를 하기 위해 만들었는데, 현재는 남북한 간 접촉을 하거나 오고가는 통과지점이 됐지.

정전협정 이후, 공동경비구역에서는 여러 사건들이 일어났어. 1976년 8월에는 나무 가지치기를 하던 미군이 북한군의 도끼에 맞아 사망했고, 2017년에는 북한 병사가 판문점을 넘어 귀순하기도 했지. 공동경비구역은 남북이 가장 가까운 곳에서 마주 보며 대치하는 곳이자, 냉엄한 분단의 현실과 한반도 평화의 희망이 공존하는 공간이란다.

귀순
(歸順)
적이었던 사람이 반항심을 버리고 스스로 돌아서서 복종하거나 순종함

공동경비구역 내의 남북 군인들의 모습

1,129일간의 전쟁이 남긴 것

계산할 수 없는 엄청난 전쟁 피해

북한의 기습으로 시작된 6·25전쟁은 점차 이념전쟁으로 확대됐어. 제2차 세계대전 이후 공산주의와 자유민주주의 간의

전쟁으로 파괴된 건물 앞에서
홀로 앉아 우는 소녀

피란민촌, 어린 소녀들이 먹을 것이 없어
풀뿌리로 밥을 짓는 모습(1951.8.18.)

대립으로 전쟁이 일어났고, 각국의 이념을 지키기 위해 여러 나라가 참전하게 된 거야. 그렇게 자유 진영의 국군과 유엔군, 공산 진영의 북한, 중공, 소련이 치열하게 싸웠던 거지.

1950년 6월 25일부터 1953년 7월 27일까지, 무려 1,129일간 전쟁이 계속 됐어. 핵무기를 뺀 거의 모든 무기가 동원되었고, 63개 나라가 유엔군으로 참전했지. 정확하게 파악하기는 어렵지만 어림잡아 국군과 경찰 62만여 명, 유엔군 15만여 명, 북한군 64만여 명, 중공군 39만여 명, 소련군 315명 등 180만여 명이 죽거가 다치고 실종됐어. 이와 별도로 전쟁 중 질병이나 동상 그리고 기아 등으로 인해 부상한 북한군 17만여 명과 중공군 60만 명을 포함하면' 그 피해는 훨씬 늘어난단다.

민간인 피해도 엄청 났지. 우리나라에서만 24만 5천 명이 죽고, 12만 9천 명은 학살되었으며, 23만 명이 다쳤고, 8만 4천여 명이 북한으로 끌려갔어. 30만여 명이 실종된 것까지 합치면 그 숫자가 100만 명이나 돼. 북한에서도

150만 명 정도가 피해를 입었어. 전쟁 중에 남쪽으로 넘어온 피란민만 62만 명 정도였고, 뿔뿔이 흩어져 생사를 모르는 이산가족은 1,000만 명이 넘었지. 또 전쟁으로 부모를 잃은 고아와 남편을 잃고 홀로 된 여성도 너무나 많았어. 이처럼 6·25전쟁은 숫자로 다 헤아릴 수 없는 큰 희생과 씻을 수 없는 상처를 남겼단다.

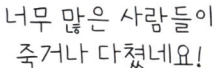

너무 많은 사람들이 죽거나 다쳤네요!

자유를 찾아 남쪽으로 내려오는 피란민 행렬

 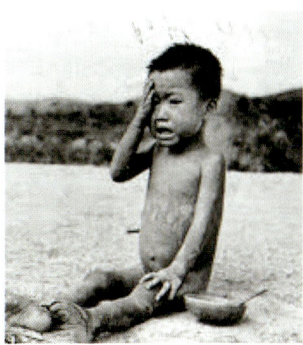

전쟁고아들의 모습

중공군과 북한군의 피해에는 질병이나 동상, 기아 등으로 인한 비전투손실 인원이 포함되어 있다냥

▶ 군인 피해

전사
- 4만 850 / 13만 7,899 — 총 17만 8,749명
- 52만 2,000 / 14만 8,600 — 총 67만 600명

부상
- 10만 3,460 / 45만 742 — 총 55만 4,202명
- 17만 7,000 / 79만 8,400 — 총 97만 5,400명

실종 포로
- 3만 2,838 / 9,767 — 총 4만 2,605명
- 10만 2,000 / 2만 5,600 — 총 12만 7,600명

범례:
- 한국군
- 유엔군
- 북한군
- 중공군

▶ 민간인 피해

사망	부상	납치/실종	계	기타
373,599	299,625	387,744	990,968	피란민:320만, 미망인: 30만, 고아 10만

※ 북한 민간인 피해(추정) : 150만여 명

전쟁으로 발생한 인명 피해

폐허가 된 서울 중심부에서
땔감을 찾고 있는 사람들 모습

우리는 전쟁으로 인해 수많은 인명 피해 뿐만 아니라 약 22억 달러 이상의 물적 피해도 입었어. 임시 수도였던 부산을 제외한 전 국토가 잿더미로 변해 버렸지. 집과 도로, 공장, 철도가 대부분 파괴되고 생활 기반 시설이 모두 한 순간에 사라진 거야.

폭파된 남대문 모습

전쟁으로 폐허가 된 서울 거리

　　전쟁으로 폐허가 된 우리나라를 본 맥아더 사령관은 "이 나라를 일으키려면 최소 100년은 걸릴 것"이라고 했지만 그 예측은 완전히 빗나갔지. 우리나라는 반세기도 안 되어 '한강의 기적'을 일으켰고, 세계 경제 10위권 선진국으로 도약했어. 원조를 받던 나라가 이제는 도움을 베풀 수 있는 나라가 된 거야.

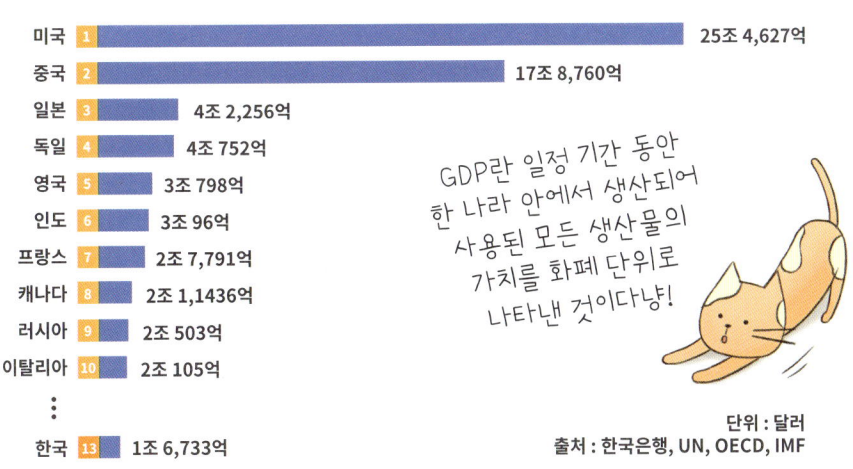

미국 1	25조 4,627억
중국 2	17조 8,760억
일본 3	4조 2,256억
독일 4	4조 752억
영국 5	3조 798억
인도 6	3조 96억
프랑스 7	2조 7,791억
캐나다 8	2조 1,1436억
러시아 9	2조 503억
이탈리아 10	2조 105억
⋮	
한국 13	1조 6,733억

GDP란 일정 기간 동안 한 나라 안에서 생산되어 사용된 모든 생산물의 가치를 화폐 단위로 나타낸 것이다냥!

단위 : 달러
출처 : 한국은행, UN, OECD, IMF

2022년 세계 경제규모 순위
국내총생산(GDP) 기준(2022.6.1), 시장환율 적용

누가 이 사람을 모르시나요?

6·25전쟁 30주년을 맞아 KBS 방송국은 1983년 6월 30일 밤 10시부터 3시간 동안 '이산가족찾기' 프로그램을 방영할 예정이었다. 그런데 예상과 달리 이산가족을 찾는 수많은 사람들이 모여들자, KBS는 다른 모든 정규방송을 취소하고, 5일 동안 릴레이 생방송을 진행했다. 이산가족이 다시 만나 감격하는 모습을 온 국민이 눈물로 지켜보았는데, 78%라는 최고 시청률을 기록하며 외국에까지 알려지기도 했다. 국민가수 패티 김의 '누가 이 사람을 모르시나요'라는 노래가 배경음악으로 사용되어 애절함을 더했다. 이 방송은 이후에도 계속되어 그해 11월 14일까지 총 453시간 45분 동안 방송되면서 10만 명이 넘는 이산가족이 방송에 참여했고, 총 1만 189가족이 다시 만났다. 관련 기록물이 유네스코 세계기록유산에 등재되기도 했다.

이산가족을 찾기 위해
KBS 본관 건물에 모여든 시민들의 모습

이산가족을 찾기 위해
빼곡히 벽보를
붙이고 있는 모습

유해발굴,
나라를 지키다 스러져간 이들을 찾다

우리 정부는 2000년에 "나라를 지키다 희생된 분들은 국가가 끝까지 책임진다"라며 '유해발굴감식단'을 만들었다. 그리고 6 · 25전쟁에서 전사한 용사들의 유해를 찾기 시작했다. 전투 기록과 참전용사들의 증언을 바탕으로 유해를 찾은 뒤, 유가족에게 알렸다. 2000년부터 2022년 말까지 11,313구의 유해를 찾아 현충원에 모셨다. 아직도 찾아야 할 국군 유해가 모두 121,879구나 되지만, 한 분 한 분씩 언젠가 모든 분들을 찾을 수 있을 것이라 기대해본다.

참호
(塹壕)
전쟁터에서 몸을 숨기면서 적과 싸우기 위하여 방어선을 따라 판 구덩이

국방부 유해발굴감식단이 국군 용사의 유해를 발굴하고 있는 모습

백마고지에서 찾은 고(故) 조응성 하사의 유해 (2021.10.28.)

포탄을 피해 개인 참호에 몸을 숨긴 채로 적을 향해 총을 겨누는 자세 그대로 발견되었다냥

한솔

6·25전쟁이 아주 오래전 일인 줄 알았는데 그게 아니네요.

한결

난 100년도 넘은 일인 줄 알았어!

한솔

그런데 우리나라는 언제 전쟁이 있었냐는 듯 잘사는 나라가 된 거 같아요!

얘들아, 한반도 5천 년 역사 중 외세의 침략을 몇 번쯤 받았는지 알지?

할아버지

한솔

지난번에 엄마도 같은 문제를 냈었는데...

한결

900번이 넘는다고 했잖아 누나!

잘 기억하는구나!

할아버지

평균 5년에 한 번꼴로 침략을 당했었지. 그런데 '한미상호방위조약'이 맺어지고는 한 번도 전쟁이 일어나지 않았단다.

한솔

70년 동안 전쟁이
한 번도 없었던 거네요!

한결

우와! 대박이다!

강한 나라와 동맹을 맺었기에 다른 나라들이
쉽게 침략하지 못하게 된 거야.

할아버지

한솔

와~ 너무 다행이에요!

한결

전쟁은 너무 무서워요!
사람들이 너무 많이 죽어요!

한솔

죽는다는 건 생각만 해도 무서운데
그 당시 군인들은 어땠을까요?

그 두려움을 모두 이겨내고 싸워준 군인들이
있기에 지금 우리가 있을 수 있는 거란다.

할아버지

또 잘 알지도 못하는 나라, 만난 적도 없는
사람들을 지키기 위해 싸워준 유엔군과 미군
에게도 고마운 마음을 잊어서는 안되겠지.

한솔
모든 분들에게 감사한 마음을
잊지 말아야겠어요!

한결
그분들이 아니었으면 지금 나도 없는 거니까!

그렇지. 군인 뿐 아니라 우리 국민도
한마음이 되어 나라를 지켰지.
훈련도 받지 못한 학생들까지 총을 들고
공산군에 맞섰으니까 말이야.

할아버지

한솔
인천상륙작전을 위해 학생들이
목숨을 걸고 장사상륙작전을 펼쳤던
이야기는 정말 가슴 아파요.

한결
지금은 모두 할아버지가 되셨겠네요.
얼굴 뵈면 꼭 감사를 전하고 싶어요!

오늘의 대한민국은 많은 사람이
흘린 피 위에 서 있는 거야.
이 자유는 누군가가 하나밖에 없는
생명을 걸고 지켜낸 아주 소중한 거지.

할아버지

한솔
다시는 이런 전쟁이 일어나면
안 되겠어요, 할아버지!

한결

그런데 우리와 달리 자유도 먹을 것도 없는 북한 사람들이 너무 불쌍해요.

맞아. 350만 명이 굶어 죽은 북한에 고난의 행군이 또다시 일어나고 있다고 하더구나.

할아버지

누군가 우리의 고통을 알아주었던 것처럼, 우리도 고통 받는 북한 동포들을 잊어서는 안 돼.

한솔

네! 어서 평화통일이 되었으면 좋겠어요!

한결

그때 중공군이 끼어들지만 않았어도...

한솔

아 맞아!
그때 통일을 이루었어야 했는데...근데 최근에 외국에서 또 전쟁이 일어났어요!

한결

어디더라... 우크... 뭐더라...?

맞아! 최근에 러시아와 우크라이나, 이스라엘과 하마스 사이에 전쟁이 일어난 것을 알고 있지?

할아버지

한솔

네! 전쟁은 옛날에만 일어나는 일인 줄 알았는데 요즘도 일어나서 너무 놀랐어요!

전쟁으로 인해 수십만 명이 희생되고 있어.

할아버지

한결

전쟁 절대 반대!
전쟁이 어서 빨리 끝나면 좋겠어요!

6

평화를 원하거든
전쟁을 기억하라

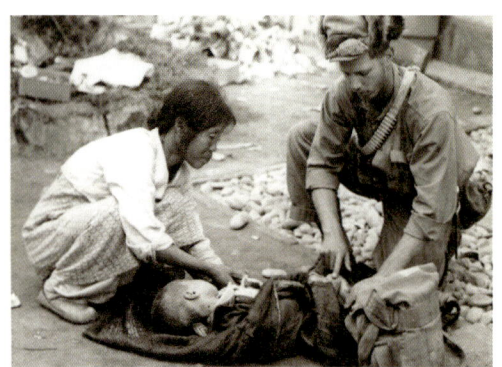

부상당한 아이를 치료하는
미 해군 위생병(1950)

의료지원국으로 참전한 덴마크의 병원선인
'유틀란디아호'에서 의료진이 내리는 모습

바람 앞의 등불 같은
대한민국을 도와준 유엔군

대한민국은 1948년 유엔으로부터 한반도에 오직 하나밖에 없는 합법 정부로 인정받았어. 그런 대한민국이 공산국가의 침략을 받으니까 많은 나라가 도와주었단다. 그중에서 미국은 가장 먼저, 그리고 가장 많은 지원을 해주었지. 병력 180만 명을 비롯해 전투기, 군함, 전차, 대포 같은 무기들도 보냈지. 또 북한의 기습 남침을 반대하는 유엔 안보리 결의안에 대부분의 나라가 지지해줬어. 이 결의안에 따라 전투부대와 병원선, 그리고 의료부대와 전투물자는 물론 생필품까지 보냈지. 유엔군은 어디에 붙어있는지도 잘 모르던 나라를 도와주고, 그 나라를 지키기 위해 목숨 걸고 싸웠던 거야. 180만 명이라는 많은 병력을

병원선
(病院船)
의료 시설을 갖추고 돌아다니면서 환자를 치료하는 데에 쓰는 배

보내주었던 미국과는 한미상호방위조약까지 맺었는데, 피로써 맺어진 혈맹이라고도 불러. 우리나라가 바람 앞의 등불 같은 처지에 놓였을 때 남편, 자녀, 형제를 보내준 나라의 고마움을 잊지 말아야겠지?

당시 대한민국을 지키려고 전투지원국 16개국, 의료지원국 6개국 그리고 물자지원국 38개국과 물자지원 의사표명국 3개국 등 총 63개 나라에서 도움을 주었단다.

한편 월드피스자유연합의 안재철 대표는 전후복구지원국까지 포함해야 한다고 주장해왔어. 그의 끈질긴 노력으로 한국전쟁 당시 세계 67개 나라가 단일연합군으로 지원한 기록을 인정받아 2010년 기네스북에 등재되었단다.

혈맹
(血盟)

피를 찍어 굳게 맹세한 관계로, 희생을 감수하면서 도와주는 동맹 관계를 말함

6 · 25전쟁 당시 독립국이 93개 나라였는데 67개 나라가 대한민국을 도왔다냥!

나 라	파병규모	병력 피해	나 라	파병규모	병력 피해
미국	1,789,000	136,944 (36,634)	콜롬비아	5,100	689 (213)
영국	56,000	4,909 (1,078)	그리스	4,992	738 (192)
캐나다	26,791	1,761 (516)	뉴질랜드	3,794	103 (23)
튀르키예	21,212	2,365 (966)	에티오피아	3,518	658 (122)
호주	17,164	1,584 (340)	벨기에	3,498	440 (99)
필리핀	7,420	468 (112)	프랑스	3,421	1,289 (262)
태국	6,326	1,273 (129)	남아공	826	44 (36)
네덜란드	5,322	768 (120)	룩셈부르크	100	15 (2)

유엔군 전투부대 파병 규모 및 병력 피해 (단위 : 명)
* 병력 피해는 전사/사망, 부상, 실종, 포로 등이 포함, ( )안의 숫자는 전사/사망자 현황.

▶ **전투지원국** *16* 개국

미국	영국	호주	에디오피아
네덜란드	캐나다	뉴질랜드	콜롬비아
프랑스	필리핀	튀르키예	룩셈부르크
태국	그리스	남아공	벨기에

▶ **의료지원국** *6* 개국

스웨덴	인도	덴마크
노르웨이	이탈리아	독일

▶ **물자지원 의사표명국** *3* 개국

니카라과	브라질	볼리비아

▶ **물자지원국** *38* 개국

과테말라	미얀마	이스라엘	우루과이	코스타리카	맥시코	도미니카	베네수엘라
이란	온두라스	파나마	아이슬란드	베트남	이집트	엘살바도르	파라과이
오스트리아	라이베리아	사우디아라비아	인도네시아	자메이카	파키스탄	캄보디아	라이텐슈타인
시리아	일본	대만	페루	바티칸	레바논	스위스	아이티
칠레	헝가리	쿠바	모나코	아르헨티나	에콰도르		

대한민국을 도운 63개의 국가

인천상륙작전 중 어린 환자를 돌보는
미 해군 군의관(1950)

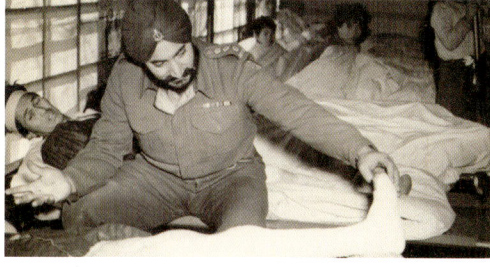

6·25전쟁 당시 부상자를 치료하는
인도 의료지원군

인천상륙작전 중 아이에게 먹을 것을 주는 미군 (1950)

굶주린 아이와 다친 아이를 돌봐주는 유엔군 (1951)

1952년 의정부 매너서스 고아원의 전쟁고아들을 돌보는 미군 모습
6·25전쟁 당시 미군은 고아원 400여 개를 세우고 고아 5만 4천 명을 돌봤어.
다른 유엔군들도 부대마다 전쟁고아들을 수십에서 수백 명씩 데려와 돌봐주었단다.

대한민국을 위기에서 건져낸 전쟁영웅들

노블레스 오블리주

6·25전쟁에 참전했던 미군 중 142명은 장군의 아들이었어. 그중 35명이 전사하거나 다쳤지. 이들은 진정한 '노블레스 오블리주' 정신을 실천했어. 위험한 전쟁터로 기꺼이 나아가 낯선 나라를 위해 고귀한 희생정신의 본을 보여줬지.

노블레스 오블리주 (noblesse oblige)
사회적 신분이 높은 사람에게 요구되는 높은 수준의 도덕적 의무

참 전	전 사
- 미국 대통령 아이젠하워의 아들 존 아이젠하워(John Eisenhower) 소령 - 미 8군 사령관 월튼 워커 중장의 아들 샘 워커(Sam Walker) 대위 - 유엔군 사령관 클라크 대장의 아들 빈 클라크(Vin Clark) 대위 - 제2차 세계대전의 영웅 조지 패튼 장군의 아들 조지 S. 패튼(George S. Patton) 4세 대위	- 미 8군 사령관 워커(Walton H. Walker) 장군 : 서울 창동 근처 부대 이동 중 전사 - 미 9군단장 무어(Bryant E. Moore) 장군 : 남한강 도하작전 지휘 중 전사 - 미 8군 사령관 밴 플리트 장군 아들 지미 밴 플리트(James Van Fleet Jr.) 공군 중위 : 북한 지역 폭격 임무 수행 중 전사 - 해병대 제1 항공사단장 필드 해리스 소장의 아들 빌 해리스(William F. Harris) 해병 소령 : 장진호 전투에서 해병대 대대장으로서 임무 수행 중 전사. 같은 전투에 부자가 모두 참전함

또 하버드대를 졸업한 18명도 참전했어. 이들은 대학을 졸업하자마자 한국으로 향했지. 명문대학을 졸업했기에 성공이 보

장되어 있었음에도 자유를 지키고자 전쟁터로 뛰어들었고, 이른 나이에 꽃잎처럼 떨어져 갔어. 이렇게 안타까운 수많은 희생으로 인해 '자유는 공짜가 아니다(Freedom is not free).'라는 말도 생긴 거야. 미국 워싱턴 D.C.에 있는 한국전 참전용사 기념비에 이렇게 새겨져있단다.

"Our nation honors her sons and daughters who answered their country's call to defend a country they never knew and a people they never met."

"우리 미국은 조국의 부름을 받고, 알지도 못하는 나라, 만난 적도 없는 사람들의 자유를 지키려고 나섰던 우리의 아들과 딸들에게 경의를 표합니다."

워싱턴 D.C.의 한국전 참전용사 기념비

죽음으로 지켜라! 워커 장군

미 8군 사령관 월튼 워커 장군은 아들 샘 워커 대위와 함께 참전했어. 워커 장군은 제1, 2차 세계대전에 참전했기에 실전 경험이 풍부했지. 6 · 25전쟁에서는 낙동강 방어에 성공하여 대한민국이 지도에서 사라질 위기에서 구했어.

> 우리에게는 덩케르크도 바탄도 없다. 부산으로 후퇴하면 역사에 유례없는 참사가 일어날 것이다. 우리는 한 팀으로 싸운다. 물러서는 자는 전우 수천 명의 죽음에 책임져야 한다.

> 우리는 이길 것이다. 죽음으로 지켜라(Stand or Die)! 우리는 절대 물러설 수 없다. 물러설 곳도 없고 물러서서도 안 된다. 나는 여기서 죽더라도 끝까지 한국을 지키겠다.

덩케르크 (Dunkirk)
제2차 세계대전 당시 연합군이 독일군의 포위망을 벗어나 철수 작전을 한 곳

바탄 (Bataan)
미군이 태평양 전쟁에서 일본군의 공세에 밀려 철수한 곳

워커 장군의 아들인 아들 샘 워커(Sam Sims Walker) 대위는 미 24사단의 중대장이었어. 미 24사단이 중공군의 인해전술에 밀려 힘들어하고 있다는 말을 듣고, 아버지 워커 장군은 부대를 찾아가 그들을 격려하려고 했지. 마침 아들 샘 대위는 이전 작전에서 공을 세워 은성무공훈장을 받기로 되어있기도 했고 말이야. 그렇게 1950년 12월 23일, 워커 장군은 아들을 만난다는 설레는 마음으로 24사단 사령부로 가고 있었어. 그런데 가는 길에 한국군 수송 차량과 워커 장군이 타고 있던 지프가 충돌하고 만 거야. 지프는 골짜기로 굴러 떨어졌고, 워커 장군은 그 자리에서 사망하고 말았지. 며칠 후, 맥아더 사령관은 샘 대위를 불렀어. 맥아더는 워커 장군의 전사를 슬퍼하며 샘 대위에게 알링턴 국립묘지에 아버지를 모시는 임무를 맡겼지. 그런데 샘 대위는 거부했어. 총알이 빗발치는 전쟁터에 중대원들을 두고 혼자만 갈 수 없다면서 전선으로 돌아가겠다고 했지.

샘 대위 : "각하, 그것은 안 됩니다. 저는 일선의 보병 중대장입니다. 그리고 지금 제 부대는 후퇴 중입니다. 지금, 이 순간에도 제 부하들은 목숨 걸고 힘겹게 싸우고 있습니다. 이런 중요한 시기에 중대장이 바뀌면 안 됩니다. 지금 우리 중대에 제가 없으면 안 됩니다. 고 월튼 워커 장군의 유해는 의전부대에 맡기십시오. 저는 전선으로 돌아가겠습니다."

맥아더 사령관 : "이것은 명령이다!"

일선
(一線)
적과 맞서는 맨 앞의 전투 지역

의전부대
(儀典部隊)
행사를 치르는 일을 도맡아 하는 부대

결국, 샘 대위는 워커 장군의 유해를 안고 알링턴 묘지까지 가서 안장식을 마쳤어. 맥아더 사령관은 워커 장군의 부인을 배려한 명령을 내렸던 거야. 한 전쟁터에서 남편과 아들을 동시에 잃을 수는 없으니까 말이야.

미군은 워커 장군을 기억하기 위해 당시 최신형 M-41 전차에 '워커 독'이라는 이름을 붙였어. 1963년에는 서울 광진구 광장동에 미군 휴양시설과 국립 호텔을 세워 워커힐(워커 장군의 언덕)이라고 부르기도 했지. 그곳이 바로 지금의 워커힐호텔이야.

워커힐호텔에 있는 워커 장군 추모비

서울 전철 1호선 도봉역에 있는 워커 장군 추모비

이 호텔 본관 산자락에 세운 워커 장군 기념비에는 다음과 같은 글이 새겨져 있어.

> "오늘 우리가 장군을 특별히 추모하는 것은 한국전쟁 초기 유엔군의
> 전면철수를 주장했던 미국 정부와 민간의 지배적인 분위기 속에서
> 유독 장군만이 홀로 한반도에 남아서 지켜야 한다고 주장하여
> 전쟁을 승리로 이끌었을 뿐만 아니라 한반도의 공산화를 막아
> 우리의 오늘을 가능케 한 그 공덕을 잊을 수 없기 때문입니다."

또 당시 사고현장이었던 지금의 도봉역 부근에 추모비를 세웠단다. 매년 12월이면 추모제를 열고 있어. 월튼 워커 장군과 아들 샘 워커 대위는 대를 이어 대한민국을 구해준 전쟁영웅이었지. 후에 아들 샘 워커는 대장으로 진급하여 미국 역사상 최초로 아버지와 아들 둘 다 4성 장군이 되었단다.

**아버지 월튼 워커 장군과
아들 샘 워커 대위**

한국군의 아버지, 밴 플리트 장군

대한민국이 세워질 당시 우리 군의 수준은 형편없었어. 맥아더, 리지웨이, 워커 장군은 교육과 훈련이 필요하다고 생각했지만, 전쟁 중이니 그럴 여유가 없었지.

리지웨이 장군에 이어 미 8군 사령관으로 부임한 밴 플리트(James Van Fleet) 장군은 한국군의 강한 투지를 보고 희망을 품었어. 전쟁 중에도 병사들을 교육하고 훈련시켜 강한 군대로 발전시켰지. 또 4년제 육군사관학교를 세우도록 지원하고, 도서관도 지어주었어. 미국 육군사관학교의 교육과 문화, 제복까지 따와서 한국군이 동일한 훈련을 받을 수 있도록 도와주었단다.

한국군 장교 수백 명을 미국연수까지 보내며 리더를 키우는 데 열심이었지. 사실 미국에서는 한국군 인원을 늘리고 전투력을 높이는 것에 대해 반대하는 여론이 많았어. 그럼에도 불구하고 밴 플리트 장군은 육군사관학교 동기였던 아이젠하워 대통령에게 간곡히 부탁해서 국군을 20개 사단까지 늘리게 됐지. 이승만 대통령은 1954년 7월, 미국을 방문했을 때, 미 의회 연설에서 밴 플리트 장군을 '한국군의 아버지'라고 언급하며 감사를 표시했단다.

미 8군 사령관 밴 플리트 장군
그는 부임하면서
"나는 항복하고 철수하기 위해
이 나라에 온 것이 아니오.
나는 승리하기 위해 여기에 왔소!"라고 말했어.

"WILL TO WIN"

부임
(赴任)
임명이나 발령을 받아 근무할 곳으로 감

밴 플리트 장군은 전역 이후에 주한미국대사가 되어 휴전에 반대하는 이승만 대통령을 설득해달라는 제안을 받았지. 그런데 "저는 주한미국대사를 맡을 수 없습니다. 제가 미국대사가 된다면 한국 정부에 미국의 이익을 강요해야만 하는데, 그런 역할을 맡고 싶지 않습니다"라며 단칼에 거절했어.

그는 한국을 진심으로 사랑했고, 이승만 대통령을 존경했지. 이 대통령이 하와이에서 돌아가셨을 때, 유해를 한국으로 모시고 와서 장례가 끝날 때까지 자리를 지킬 정도였어. 또 전역 후에는 고향에서 작은 목장을 운영했는데, 자신이 사용하는 사무실의 이름을 '한국의 방'이라고 짓기도 했지. 또 대한민국 국군, 육군사관학교, 코리아 소사이어티(한미우호협회), 고아원을 지원하는 등 한국을 위해 많은 일을 했단다.

밴 플리트 장군의 아들인 지미 공군 중위도 6·25전쟁에 자원하여 참전했어. 그런데 전쟁 중에 그 아들을

이승만 대통령과 밴 플리트 장군
두 사람은 한국군을 자주적인 강한 군대로 만드는 것과 휴전에 반대하는 것 등에 있어서 비슷한 입장을 가지고 있었고, 그로 인해 큰 신뢰 관계를 쌓았지.

고아원에서 고아들과 함께 시간을 보내는 밴 플리트 장군

**밴 플리트 장군과
아들 지미 중위의 마지막 사진**

잃고 말았지. 지미 중위는 1952년 4월 4일 압록강 남쪽 선천 일대를 폭격하기 위해 폭격기를 몰고 나갔어. 그런데 어느 순간 레이더망에서 사라지면서 연락이 끊어지고 말았지.

밴 플리트 장군은 아들이 실종되어 수색작전을 펼치고 있다는 보고를 받았어. 결혼하고 10년 만에 얻은 외아들이라 마음이 많이 힘들었을 거야. 그럼에도 그는 "수색 작업을 당장 중단하라. 적군의 땅에서 수색 작업을 하는 것은 너무 무모한 일이다. 내 아들만 죽은 게 아니다"라며 수색작업을 중단시켰고, 한 점 흐트러지지 않은 모습으로 부대를 이끌었지. 그는 다음날 5일 한국군 2군단 재창설 기념식에 참가해 축하 메시지까지 전달했다고 해. 아들을 잃은 그해 부활절, 전쟁에서 실종된 모든 병사의 부모에게 다음과 같은 위로의 전문을 보냈단다.

*"모든 부모님이 저와 같은 심정이라고 믿습니다.
우리 아들들은 나라에 대한 의무와 봉사를 하고 있습니다.
예수님께서 말씀하신 것처럼 친구를 위해
자신의 생명을 내놓는 것보다 더 큰 사랑은 없습니다."*

지미 중위는 6·25전쟁에 참전할 의무가 없었는데도 기꺼이 참전했단다. 고향에서 남편과 아들이 무사히 돌아오길 바랐을 어머니의 심정은 어땠을까?

사랑하는 어머니에게!

눈물이 이 편지를 적시지 않았으면 합니다.
어머니! 저는 자원해서 전투 비행 훈련을 받았고,
B-26 폭격기를 조종할 것입니다.
저는 조종사이기 때문에 앞자리에는 폭격수,
옆에는 항법사, 뒤쪽에는 기관총 사수와 함께 있습니다.
아버지께서는 모든 사람이 두려움 없이 살 수 있는
권리를 위해 지금 한국에서 싸우고 계십니다.
드디어 저도 미력한 힘이나마
아버지에게 보탤 시기가 온 것 같습니다.
어머니, 저를 위해 기도하지 마십시오!
그 대신 미국이 위급한 상황에서
조국을 수호하기 위하여 소집된
나의 승무원들을 위해 기도해 주십시오!
그들 중에는 무사히 돌아오기만을 기다리는
아내를 둔 사람도 있고, 애인이 있는 사람도 있습니다.
저는 최선을 다할 것입니다.
그것은 언제나 저의 의무입니다.
그럼 안녕히 계십시오!

아들 지미 올림

편지를 받은
어머니는
얼마나 슬펐을까!

지미 중위가 어머니께 쓴 편지

세기의 명장, 맥아더 사령관

더글러스 맥아더는 1880년 미국 아칸소주 리틀록의 유명한 군인 가문에서 태어났어. 그리고 제1, 2차 세계대전과 6·25전쟁에서 작전을 성공적으로 이끈 뛰어난 장군이지. 그는 이승만 대통령과 소령 시절부터 알고 지낸 가까운 사이였어. 그래서 대한민국 정부 수립식과 서울수복기념식 등에 참석했었지.

맥아더 사령관은 전쟁이 일어난 지 4일 만에 한강 방어선을 둘러 보았어. 그리고 북한군이 미처 신경쓰지 못하는 곳으로 상륙해서 보급로를 끊고, 서울로 반격해 들어가는 인천상륙작전을 구상했지. 미 해군은 대규모 상륙작전을 펼치기에 인천은 적절하지 않다고 반대했어. 합동참모본부 장군들 역시 성공 확률이 너무 낮다고 반대했지. 하지만 맥아더 사령관은 오히려 적의 허점을 노려 기습하기에 좋다고 설득했고, 어렵게 승낙이 떨어졌어. 한 번 결정한 것은 끝까지 밀고 나가는 뚝심이 있었단다.

맥아더 사령관
그가 이승만 대통령에게 대한민국을 지켜주겠다고 약속한 지 2년 후에 6·25전쟁이 터졌어. 이 대통령은 자고 있던 맥아더 사령관을 전화로 깨워 약속대로 대한민국을 지켜달라고 요청했지.

다행히 인천상륙작전은 성공했지만, 무모했던 원산상륙작전과 중공군의 개입을 무시한 북진 정책으로 화를 불렀다는 비판을 받기도 했지. 급기야 중공군이 압

록강을 건넜다는 첩보를 듣고는 만주에 핵무기를 떨어뜨리겠다고까지 했단다. 이 말을 들은 트루먼 대통령은 놀라 "존경하는 맥아더 사령관님, 핵무기는 대통령의 무기란 걸 알고 있소?"라고 전화를 걸기도 했지.

트루먼 대통령은 맥아더 사령관을 불신하기 시작했어. 만주를 폭격하면 소련이 참전하게 될 테고, 그렇게 되면 세계대전으로 번질 수 있음을 우려했던 거야. 지구상에서 공산주의를 없애려 했던 맥아더 사령관은 트루먼 대통령과의 의견 충돌로 1951년 4월 11일에 사령관을 그만두게 됐지. 맥아더 사령관은 1951년 미 의회에서 다음과 같은 고별 연설을 남겼어.

"전쟁에서는 승리 이외에 아무 대안이 없습니다.
한국전쟁을 빨리 끝내지 않으면 더 큰 전쟁을 피할 수 없을 것입니다.
중공에 대한 유화정책은 더 처참한 전쟁을 가져올 뿐이라는
역사적 교훈을 깨달아야 합니다.
한국전쟁을 빨리 끝내려면 압록강 너머 적의 보급기지를 폭격하고,
중공에 대해 경제봉쇄를 해야 합니다.
(중략)
저는 지금 52년간의 군 복무를 마치려고 합니다.
제가 모교인 육군사관학교 (West Point)에서
즐겨 부르던 어느 군가가 생각납니다.
그 노래는 '노병(老兵)은 죽지 않는다. 다만 사라질 뿐이다.'라고
당당하게 선언하고 있습니다.
그리고 그 노래 속의 노병처럼 이제 저는 군 생활을 마감하고

> **유화정책**
> **(宥和政策)**
> 국내 · 국제 정치에서, 상대편의 적극적이고 강경한 요구에 양보 · 타협함으로써 직접적인 충돌을 피하고 긴장을 완화하여 해결을 도모하려는 온건한 정책

사라지려 합니다. 하나님께서 의무에 대한 깨달음을 주신 바에 따라, 자신의 의무를 다하려고 애쓴 한 노병으로 말입니다. 감사합니다."

맥아더 사령관은 탁월한 군사 전략가일 뿐 아니라 날카로운 통찰력과 설득력을 갖춘 뛰어난 연설가이기도 했지. 그가 의회 연설에서 인용한 노랫말은 조국에 대한 걱정과 애정을 표현한 거야. 그 이후 군인들이 전역할 때 자주 사용하고 있어.

"노병은 죽지 않는다. 다만 사라질 뿐이다"

("Old soldiers never die, they just fade away")

이승만 대통령과 맥아더 사령관이 도쿄 하네다 공항에 도착하여 대한민국과 미국 국기에 대해 경례를 하고 있는 모습 (1950.2.16.)

전쟁고아의 아버지 헤스 대령

6·25전쟁에서 헤스(Dean E. Hess) 대령만큼 확고한 신념과 열정을 보여준 인물도 드물어. 목사였던 헤스는 1941년에 일본이 하와이 진주만을 공격하자 '자유와 평화의 가치를 위협하는 악은 물리쳐야 한다'는 생각에 스스로 공군에 입대했지. 어려서부터 비행에 관심이 많았던 그는 제2차 세계대전에서 313회나 출격하는 기록을 세웠어.

'신념의 조인'이라는 글씨가 새겨진 헤스 대령의 전투기

그가 조종한 F-51 무스탕 제18기에는 '신념(信念)의 조인(鳥人)'이라는 글씨가 새겨져 있었지. 항상 'By Faith, I Fly!(나는 믿음으로 난다)'라는 좌우명을 가지고 있었는데, 동료가 이를 '신념의 조인'으로 번역해 준 거

우리 조종사들에게 항공 기술을 가르치는 헤스 대령

야. 한국군 조종사들은 지금도 이 표현을 자주 쓴다고 해.

헤스 대령(당시 소령)은 우리 공군 조종사들에게 전투기 조종 기술을 가르쳤어. 덕분에 우리 군은 승호리철교 폭파 작전에 참여하여 작전을 성공시킬 수 있었지. 전투기가 한 대도 없던 우리 공군이 전투기 10대를 요청했을 때 미국은 반대했어. 그런

> **조인 (鳥人)**
> '비행가'를 비유적으로 이르는 말

고아를 안고 있는 블레이즈델 중령

미군 수송기에
고아들을 태우고 있는 헤스 대령

데 헤스 대령의 끈질긴 설득 끝에 결국 전투기 20대를 지원 받았지. 그를 '한국 공군의 아버지'라고 부르기도 했단다. 그리고 그는 한국전쟁에서 250여 회 출격해 많은 전공을 세웠어.

또 헤스 대령은 전쟁고아들을 정성껏 보살폈어. 6·25전쟁으로 약 10만 명에 가까운 전쟁고아가 생겼지. 당시 서울보육원에서는 미 5공군 사령부 군목 러셀 블레이즈델(Russel Blaisdell) 중령이 아이들을 돌보고 있었어. 그런데 1·4후퇴 직전에 유엔군이 후퇴하면서 아이들이 버려질 위기에 처했단다. 블레이즈델과 헤스는 어려운 상황 속에서도 어린 생명을 구하기 위해 애썼어. 그들은 미 해병대의 도움을 받아 가까스로 트럭 12대와 군용기(C-54) 15대를 지원받아 '유모차 공수 작전(Operation Kiddy Car Airlift)'을 펼쳐서 1,059명의 어린이들을 무사히 제주도로 이동시켰어.

블레이즈델 중령은 이 일로 군 감찰을 받았지만, "내게 주어진 일이 죽음에 내몰린 아이들을 죽게 놔두는 것이라면 전역하겠다"라고 군사 재판에서 당당하게 말했단다.

헤스 대령은 전쟁이 끝나고도 고아들을 돌보았어. 20년 동안 후원금을 모았을 뿐만 아니라 책도 쓰고 강연도 하면서 전쟁고아의 실상을 널리 알렸지. 1956년에는 자서전 「전송가(Battle

감찰
(監察)
단체의 규율과 구성원의 행동을 감독하여 살핌

자서전
(自敍傳)
작자 자신의 일생을 소재로 스스로 짓거나, 남에게 구술하여 쓰게 한 전기

당시 한국에서 개봉한 영화 《전송가》 포스터

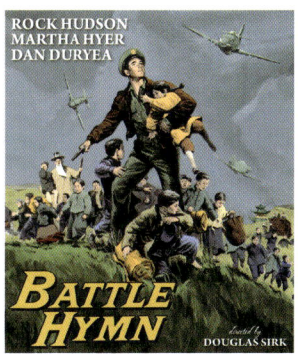

영화 《전송가
(Battle Hymn)》 포스터

Hymn)」를 발표했는데, 할리우드에서 이 내용을 영화로 제작했어. 유명 배우 '록 허드슨'이 주연을 맡아 전 세계의 관심을 받았지. 영화에는 실제로 헤스 대령 덕분에 구조된 고아들이 출연하기도 했단다. 그는 자서전과 영화 수익금 전액을 제주도 보육원에 기부했고, 한 아이를 자신의 딸로 입양하기도 할 만큼 한국의 전쟁고아들에게 진심이었어.

전쟁 고아들의 아버지 헤스 대령과
전쟁 고아들의 어머니 황온순 여사

그가 나누었던 아낌없는 사랑 뒤에는 놀라운 이야기가 숨겨져 있지. 제2차 세계대전에서 그는 실수로 독일 보육원에 폭탄을 떨어뜨렸는데, 십여 명의 아이들이 한꺼번에 죽게 된 거야. 이 사건으로 인해 그는 큰 죄책감에 시달렸어. 그러다 한국에서 전쟁이 터지자 자원해서 입대했고, 임무를 완수하면서 전쟁고아들을 돕기 시작한 거야. 용산기지에서 있었던 추수감사절 파티 때, 고아들이 몰래 들어와 음식물 쓰레기를 집어 먹는 걸 보고, 그들을 돌보기로 마음 먹었다고 해.

한국 보육원에서
고아들을 보살피는 헤스 대령

나를 한국 땅에 묻어주오! 위트컴 장군

부산에 있는 유엔기념공원에는 "나를 한국 땅에 묻어주오!"라고 말한 미국 장군이 잠들어 있어. 한국을 무척이나 사랑했던 위트컴(Richard S. Whitcomb) 장군이란다.

전쟁이 끝난 1953년 11월 27일, 부산역 근처에서 큰불이 났어. 14시간이나 계속된 화재로 3만여 명의 시민들이 거리로 나앉게 되었지. 당시 2군수기지 사령관이었던 위트컴 장군은 그 현장을 직접 보았어. 전쟁은 끝났어도 미군 군수기지는 부산에 여전히 남아있었거든. 그는 한국의 열악한 현실을 누구보다도 잘 알고 있었지. 상부에 보고할 여유도 없이, 즉시 군수품 창고를 열어 식량, 옷, 이불 등을 나눠주었어. 또한, 공병부대가 화재 현장을 복구하도록 도와주었고, 추위에 떠는 시민들을 위해 천막을 지어줬단다.

군수기지
(軍需基地)
군대 유지와 전쟁 수행에 필요한 물품을 갖추고 있어서 군사상 필요한 활동의 거점이 되는 곳

열악
(劣惡)
품질이나 능력, 시설 따위가 매우 떨어지고 나쁨

상부
(上部)
더 높은 직위나 관청

위트컴 장군은 군수물자를 목적에 맞지 않게 사용했다고 해서 미국 의회에 불려갔어. 군수물자는 국민의 세금으로 이루어진 것으로, 군인들을 위해 사용되어야 했는데 다른 용도로 썼으니 군법을 위반한 셈이었지. 위트컴 장군은 조금의 망설임도 없이 "전쟁은 총칼로만 하는 것이 아니다. 그 나라 국민을 위한 것이 될 때 진정한 승리다"라고 말했어.

부산역 대화재로 길에 나앉게 된 이재민들에게 위트컴 장군이 마련해 준 천막촌

이 말이 끝나자 청문회에 참석한 의원들은 일어나 박수를 치기 시작했고, 더 이상 죄를 묻지 않기로 했지. 이후 위트컴 장군은 더욱 적극적으로 구호 활동을 할 수 있었어. 함께 고아들을 돌보았

위트컴 장군이 부산 애린원 고아들을 돌보고 있는 장면 (1954.10.16.)

던 한묘숙 여사와는 결혼까지 했지. 이렇게 전쟁고아들을 돕는데 남은 삶을 바친 그를 '전쟁고아의 아버지'라고 불렀단다.

그는 잿더미가 된 한국을 다시 일으키는 데에도 온 힘을 다했어. 전쟁 피해자들을 치료할 병원을 세우기 위해 미군 장병들을 대상으로 기부 운동을 벌였지. 위트컴 장군은 한복 차림에 갓을 쓰고 부산 시내를 돌아다니며 사람들의 관심을 끌었어. 또 미국 정부의 지원까지 받아주었지. 그렇게 마련한 기금으로 '수녀의원'을 '메리놀병원'으로 증축했단다.

구호
(救護)
재해나 재난 따위로 어려움에 처한 사람을 도와 보호함

위트컴 장군이 한복 차림으로 부산 메리놀 병원
건립 기금을 모금하고 있는 모습

위트컴 장군의 평생 소원은 장진호 전투에서 전사한 전우들의 유해를 찾아 고향에 보내는 것이었어. 하지만 그 소원을 이루지 못한 채, 세상을 떠나고 말았지. 그래서 부인 한묘숙 여사는 '위트컴 희망재단'을 세웠고, 전 재산을 쏟아부어 미군 유해 찾기에 힘쓰다가 남편 곁에 묻혔단다.

내가 물러서면 나를 쏴라! 백선엽 장군

백선엽 장군은 최대 격전지로 꼽히는 다부동 전투에서 북한군을 온몸으로 막아냈어. 북한군은 대구를 점령하고 부산을 함락하려고 총공세를 퍼부었지. 이때 병사들이 뒤로 도망치려고 하는 것을 보고 백선엽 장군은 "더는 물러설 곳이 없다, 내가 앞장설 테니 내가 물러서면 나를 쏴라!"라고 외쳤어. 이 말을 마치고 고지를 향해 돌격하자 전쟁터의 분위기가 싹 바뀌었지.

또 그가 이끌던 국군 1사단은 미군보다 먼저 평양에 들어갔어. 우리 군은 미군이 지원한 전차와 차량으로 밤낮을 가리지 않고 북쪽으로 올라갔지. 재

백선엽 장군이 다부동 전투에서
미 공군 장교와 작전을 논의하고 있는 모습

같이 갑시다!
(We go together)

빠른 진격에 북한군은 정신없이 도주하기 바빴고, 미군도 감탄했어. 백선엽 장군은 이때부터 연합 작전이 얼마나 중요한지를 깨달아 '같이 갑시다(We go together)!'라는 구호를 만들었단다. 이 구호는 한미동맹의 상징이 되어 지금도 한미연합사에서 사용하고 있지.

1953년 5월, 백선엽 장군은 아이젠하워 대통령을 만나 이승만 대통령이 휴전에 반대하는 이유를 설명하고, 한미상호방위조약을 맺어 달라고 간절하게 요청했어. 아이젠하워 대통령은 백선엽 장군의 말에 동의해 국무부에 조약 내용을 긍정적으로 검토하라고 지시했지. 한미상호방위조약은 이승만 대통령의 외교력의 결과였지만 뒤에서 도운 백선엽 장군의 공도 컸어.

한국 첫 휴전회담 대표로 나선 백선엽 장군
(1951.7.)

대한민국이 지도에 남아있느냐 지워지느냐의 갈림길에 있었던 1952년, 백선엽 장군은 최연소 육군참모총장이 되어 국군을 이끌었지. 이듬해엔 한국군 최초로 4성 장군이 되었고, 합동참모의장과 여러 나라의 대사를 맡았어. 이렇

백선엽 장군에게 인사하는
해리 해리스(Harry Binkley Harris Jr.)
주한미국 대사(2018.11.21.)

게 대한민국을 위해 일생을 바쳤던 그는 2020년 7월, 100살에 세상을 떠났고, 유해는 국립대전현충원에 묻혀 있단다.

아름다운 영웅, 김영옥 대령

김영옥 대령은 미국으로 이민을 갔던 독립운동가의 아들로 태어났어. 그는 미 육군에 입대했고, 제2차 세계대전과 6·25 전쟁에 참전했지. 훌륭한 리더십과 전투력을 갖추었던 그는 세상을 떠날 때까지 어려운 이웃을 돕는 데 삶을 바쳤어.

그 공로로 미국 캘리포니아에는 그의 이름이 붙은 고속도로가 만들어졌고, LA에도 그의 이름이 붙은 중학교도 생겼단다. 미국 교과서에 실리기도 했으며, MSN이 뽑은 미국 16대 전쟁 영웅에 유색인으로는 유일하게 포함되어 있어.

김영옥 대령은 최초의 한국계 미군 장교로, 미국은 물론 프랑스, 이탈리아에서도 최고 무공훈장을 받은 전쟁영웅이야. 제2차 세계대전이 끝나고 군복을 벗었지만, 6·25전쟁이 터지자 "부모님의 나라를 구하겠다"며 자원하여 입대했어.

전쟁터에서 수류탄을 던지고 총을 쏘며 달리는 등 직접 뛰어다녔지. 금병산 전투에서는 총알이 빗

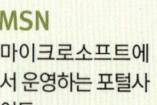

MSN
마이크로소프트에서 운영하는 포털사이트

유색인
(有色人)
황색, 흑색 따위의 빛깔이 있는 피부를 가진 사람

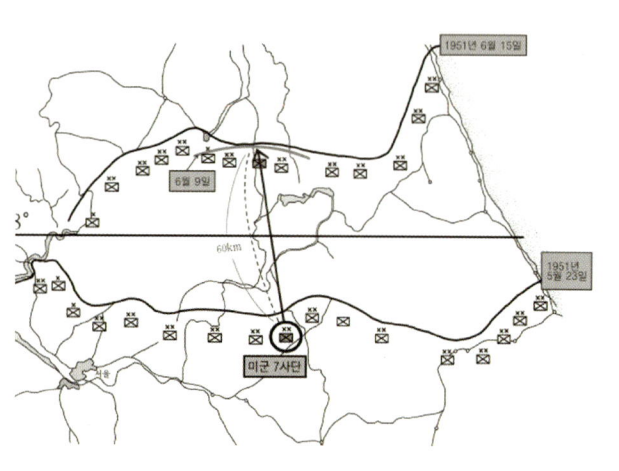

중부전선 휴전선을
북으로 60km 밀어 올린
김영옥 대령의 부대

발치는데도 맨 앞에서 지휘하며 병사들의 사기를 북돋아 주었어. 수안산 전투에서는 캄캄한 밤에 30km가 넘는 산길을 4시간 만에 돌파했지. 제2차 세계대전에서 그랬던 것처럼 6·25전쟁에서도 거의 모든 전투에서 승리했어.

김영옥 대령
그는 평소에 "나는 100% 한국인이며 100% 미국인"이라고 말했단다.

김영옥 대령은 전투 중에 장병 한 명당 50센트씩 모아 보육원에 전달하는 운동을 시작했지. 미군 장교들에게 "여기 굶주린 아이들이 우리만 보고 있다. 우리는 미 육군 장교다. 한두 끼쯤 안 먹어도 굶어 죽지 않는다"라고 말하며 아이들한테 전투 식량을 나눠주기도 했어. 그는 여러 나라에서 무공훈장을 19개나 받았는데, 한국군이나 미군 중에 이렇게 훈장을 많이 받은 군인은 없단다. 그런데도 그는 한 번도 자기 공로를 드러내지 않았지. 훈장을 받을 만큼 받았다고 하면서 6·25전쟁에서 받은 훈장은 부하들에게 나눠줬어.

2달러의 우정과 가이사 중학원

경기도 가평고등학교는 6·25전쟁에 참전했던 미군들이 돈을 모아 세운 학교란다.

가평지역에는 북한군의 폭격으로 학교가 무너졌지만, 천막

중학원
예전에는 중학교+고등학교를 이렇게 부르기도 했음

에서 계속 공부하던 아이들이 있었지. 마을이 폐허가 되었지만 아이들은 전쟁 중이라도 배워야 한다며 임시로 천막을 세웠던 거야. 이런 사정을 알게 된 미 40사단장 조셉 클리랜드(Joseph P. Cleland)는 15,000여 명의 장병에게 모금 운동을 벌여 학교를 지어주었단다. 생사를 가르는 전쟁이 계속되고 있는 상황이었지만 미군 병사들은 한 번도 만난 적 없는 학생들을 위해 2달러씩 기부했지. 그렇게 모인 금액은 31,000달러나 됐어.

미군이나 유엔군이 언제까지나 이들을 보호할 수는 없습니다. 자립 경제와 자주 국방력은 교육을 통해서만 가능한데

한국 학생들은 전쟁터에서도 천막을 치고 공부를 합니다. 희망이 있는 국민임이 틀림없습니다. 이 학생들을 돕고 싶습니다. 학교를 짓는 데 동참해 주시기 바랍니다.

하버드대 건축학과를 나온 미 40사단 공병 대위가 설계도를 그렸고, 클리랜드 사단장은 직접 설계도를 보면서 공사를 지휘했어. 장병들과 학생들, 주민들이 모두 나와 학교를 지었지. 공사를 시작한 지 40일 만인 1952년 8월에 건물이 완성되었단다.

클리랜드 사단장의 이름을 따서 학교 이름을 짓자는 의견이 나왔어. 그런데 클리랜드 사단장은 케네스 카이저(Kenneth Kaiser) 하사의 이름으로 짓자고 했지. 카이저 하사는 가평 전투에서 전사했고, 고작 19살 밖에 안된 젊은 군인이었어. 어린 나이에 전사한 부하와 전쟁 중에도 배움의 열정을 가지고 있던 학생들의 모습이 장군의 눈에 겹쳐 보였던 게 아닐까? 주민들은 카이저를 가이사로 불렀고, 그렇게 학교 이름은 가이사 중학원이 되었단다. 그 후 가이사 중학교, 가이사 고등학교를 거쳐 1972년에 '가평고등학교'로 이름이 바뀌었지.

전쟁이 끝나고 미국으로 돌아갔던 클

미 40사단 장병들이 2달러씩 모아 지은 학교 건물

가이사 중학원 졸업식에 참석한 미 40사단 클리랜드 사단장

가평 '가이사 중학원' 준공 기념석
'이 학교는 미군 40보병사단 장병들이 대한민국의 미래의 지도자들에게 기증한 것입니다. 서기 1952년 8월 15일'이라고 적혀있단다.

가평고 졸업식에 방문한 미 40사단 참전용사들에게
고마움을 표현하는 가평고 학생들

미 40사단에 감사한 마음을 전하기 위해 운동장에 서서
2달러 글씨를 직접 만든 가평고 학생들

리랜드 장군은 졸업식 때마다 찾아와 장학금을 전달했어. 그의
부인은 장군이 사망한 후에도 유언에 따라 30년 동안 장학금을
보냈지. 클리랜드 부부가 평생을 바쳐 이어온 전통은 미 40사
단 참전용사들이 이어받았고, 지금까지 계속되고 있어.

한 팔과 한 다리로 지켜낸 자유 : 웨버 대령

6.25 전쟁을 '잊힌 전쟁'에서 '기억해야 할 전쟁'으로 바꾼 상
징적인 인물이 있어. 바로 전투 중 한 팔과 한 다리를 잃고도 끝
까지 부대를 승리로 이끈 윌리엄 웨버(William Weber) 대령이야.

1951년 2월, 미 제187공수연대전투단 소속 중대장이었던 웨
버 대위는 강원도 원주 북방의 342고지를 탈환하라는 임무를
받았어. 당시 그곳은 4배가 넘는 중공군이 점령하고 있던 전략
적 요충지였지.

영하 20도를 밑도는 혹한 속에서 치러진 야간 기습 작전 중, 웨버 대위는 적의 수류탄과 박격포탄 파편에 맞아 오른팔과 오른 다리를 잃는 치명적인 부상을 입었어. 주변에서 긴급 후송을 권했지만, 그는 피를 흘리면서도 이렇게 외쳤지. "중대장은 마지막까지 남는다! 나를 두고 계속 진격하라!"

후송
(後送)
적군과 맞대고 있는 지역에서 부상자나 포로 등을 후방으로 보냄

그는 고립된 상황에서도 12시간 동안 부대를 지휘하며 끝내 승리를 확인한 후에야 후송되었어. 아이러니하게도 영하 23도의 살인적인 추위가 상처 부위의 혈액을 얼려 출혈을 막아준 덕분에 그는 기적적으로 목숨을 건질 수 있었단다.

1년간의 고통스러운 재활 끝에 현역으로 복귀한 그는 대령으로 예편할 때까지 군인의 길을 걸었어. 신체적 장애를 안게 되었음에도 그는 늘 "이 상처는 자유를 위해 바친 희생의 훈장"이라며 자랑스러워했지.

이 군인 동상이 웨버 대령을 모델로 한거다냥

추모의 벽 행사에 참석한 웨버 대령

'19인 용사상' 앞의 웨버 대령

한국전 참전용사 기념비 건립을 위한 법안 서명식(1986.10.28)
레이건 미 대통령과 기념비 건립 자문위원들의 모습이야.
(오른쪽 두 번째가 웨버 대령)

한국전쟁이 미국 사회에서 잊히는 것을 우려했던 그는 전역 후, 1995년 한국전 참전용사 기념비 건립을 주도했어. 고령에도 불구하고 휠체어에 몸을 싣고 미 의회와 행정부를 설득한 끝에, 워싱턴 D.C. 한국전쟁 기념공원에 '19인 용사상'을 세우는 데 성공했지. 또한 '추모의 벽'에 미군 전사자 3만 6천여 명뿐만 아니라, 미군과 함께 싸운 한국군 카투사 7천여 명의 이름이 미 본토 기념물에 최초로 나란히 새겨질 수 있었단다.

제2차세계대전, 6·25전쟁 그리고 베트남전쟁에 참전한 웨버 대령이 평생에 걸쳐 우리에게 전한 메시지는 명확해.

"Freedom is not free (자유는 공짜가 아니다)."

전장에서는 신체를 바쳐 나라를 구했고, 전역 후에는 참전용사들의 명예를 지키기 위해 평생을 바친 윌리엄 웨버 대령. 그는 한미동맹의 상징이자, 우리가 영원히 기억해야 할 진정한 영웅이란다.

전설이 된 무적의 부대, 에티오피아 '강뉴(Kagnew)' 대대

6 · 25 전쟁이 발발하자 머나먼 아프리카 대륙에서 지상군을 파견한 유일한 나라가 있어. 바로 에티오피아란다. 그들은 '집단안전보장'의 중요성을 누구보다 잘 알고 있었기에, 황실 근위대에서 선발된 최정예 장병들을 한반도로 보냈지.

1951년 5월 6일, 부산항에 도착한 이들은 단순한 파병군이 아니었어. 황제가 직접 명을 내린 정예부대, 왕의 명예를 짊어진 '강뉴(Kagnew) 대대'였단다. 그 이름에는 '적에게 결정적 타격을 가하여 괴멸시키는 부대'라는 강렬한 의미가 담겨 있었어. 그리고 이들은 한국전쟁 역사상 단 한 번도 패배하지 않은 불패의 전설을 써 내려갔단다.

에티오피아의 참전은 단순한 외교적 선택이 아니었어. 거기에는 뼈아픈 역사의 교훈이 서려 있지. 1935년 이탈리아의 침공을 받았을 당시, 에티오피아는 국제연맹에 간절히 도움을 요청했지만 끝내 외면당했고 결국 나라는 무너졌어.

당시 통치자였던 하일레 셀라시에 황제는 "도움이 필요한 나라를 외면해서는 안 된다"는 교훈을 잊지 않았지. 훗날 유엔의 한국전 파병 요청이 오

집단안전보장
(集團安全保障)
유엔처럼 여러 국가가 협력하여 국가의 안전을 꾀하는 제도

근위대
(近衛隊)
대통령·왕·중요 기관·인물 또는 수도를 경호하는 군대

에티오피아 '강뉴(Kagnew)' 대대 사진

자유를 지키기 위해 황실을 지키는 최정예 근위대가 왔다냥!

자, 그는 주저 없이 자신의 최측근 병력인 황실 근위대를 선발해 한반도로 보낸 거란다.

미 제7사단과 함께 전선을 누빈 강뉴 대대의 전과는 실로 경이로웠어. 총 3,518명이 파병되어 약 250회의 전투를 수행하는 동안 122명이 전사하고 536명이 다쳤지만, 단 한 차례도 패배하지 않았지.

특히 놀라운 사실은 '단 한 명의 포로도 발생하지 않았다'는 점이야. 이는 단순히 운이 좋아서가 아니었어. "살아서 포로가 되느니 차라리 싸우다 장렬히 전사하겠다"는 그들의 강인한 군인 정신과 동료를 끝까지 포기하지 않는 전우애가 만들어 낸 기적이었단다.

이들의 전투력을 가장 극적으로 보여준 사건은 1953년 요크-엉클 고지 전투였어. 중공군의 파상공세에 방어선이 무너질 위기에 처하자, 강뉴 대대는 아군이 방어하고 있는 진지 위로 포격을 요청하는 '진내사격'이라는 결단 내린 거야. 자신들의 생명까지 내건 이 처절한 작전에 당황한 중공군은 막대한 피해를 입고 퇴각했어. 죽음을 두려워하지 않는 용기 앞에 적군마저 압도당한 것이지.

강뉴 대대의 진정한 위대함은 총성이 멎은 뒤 더 밝게 빛났어. 1953년, 이들은 경기도 동두천에 '보화보육원'을 설립했지. 감동적인 것은 이 보육원이 군의 지원금이 아닌, 장병들이 모은 월급으로 세워졌다는 사실이야.

진내사격
(陣內射擊)
아군 진지 위에 포탄을 요청하는 사격

낮에는 총을 들고 싸우던 용사들이 밤에는 전쟁 고아들을 품에 안아 먹이고 키웠어. 극한의 전쟁 속에서도 인간성을 잃지 않았던 이들의 모습은 그 어떤 승전 기록보다 깊은 울림을 준단다.

강원도 춘천시 공지천에 위치한
에티오피아 한국전 참전기념관

오늘날 춘천 공지천의 참전기념탑과 '에티오피아길'은 그날의 희생을 묵묵히 증언하고 있어. 전쟁 이후 조국으로 돌아간 영웅들은 정권 교체 등의 풍파로 인해 오랜 시간 정당한 대우를 받지 못하고 생활고를 겪기도 했지.

다행히 오늘날 대한민국은 참전용사 지원사업과 후손 장학사업을 통해 그 빚을 조금씩 갚아나가고 있어. 70여 년 전, 이름도 모르는 나라의 자유를 위해 목숨을 걸었던 검은 대륙의 영웅들. 그들이 보여준 용기와 사랑은 진정한 인류애의 상징으로 영원히 기억될 거란다.

먼 북쪽에서 온 자유의 수호자, 캐나다

1950년 6월 한반도에서 전쟁이 일어났을 때, 지구 반대편에 있던 캐나다는 결코 방관자가 아니었어. 유엔의 요청에 따라 캐나다는 신속히 결단을 내렸고, 육·해·공군을 모두 파병한 핵

캐나다 전투기념비(1983년 건립)

캐나다 PPCLI 2대대 참전기념비

**PPCLI
(Princess
Patricia's
Canadian
Light Infantry)**
캐나다 프린세스 패
트리샤 경보병연대

**백병전
(白兵戰)**
적과 몸이 닿을 정
도 거리의 근접전

심 참전국으로 무려 10,500km라는 먼 거리를 달려왔단다.

캐나다는 총 26,791명의 군인이 참전했어. 이 중 516명이 전사하고 1,200여 명이 부상을 입었으며, 32명이 포로가 되는 큰 희생을 감수했어. 당시 캐나다의 인구와 군 규모를 생각하면 이 수치는 결코 가볍지 않은 헌신이었지. 특히 참전 용사 상당수가 자원병으로 구성되었다는 점에서 그 의미가 더욱 깊단다.

캐나다의 참전은 전쟁 초기부터 아주 신속하게 이루어졌어. 해군은 1950년 7월 30일에, 공군은 7월 28일에 이미 작전에 참여하며 한반도에 먼저 도착한 전력 중 하나였지. 육군 역시 한국에 도착한 뒤 주요 전투에서 결정적인 역할을 했어. 특히 1951년 4월 가평 전투에서 캐나다군은 영국군과 함께 중공군의 대규모 공세를 저지하며 유엔군의 방어선을 끝까지 지켜냈단다. 이 전투는 단순한 전술적 승리를 넘어 서울이 다시 적의 손에 넘어가는 것을 막아낸 결정적 전환점이었어. 특히 캐나다 PPCLI 2대대는 중공군의 인해전술에 맞서 백병전까지 치러가며 그들을 격퇴했지. 결국 중공군은 1,000여 명의 사상자를 내고 후퇴할 수밖에 없었어. 캐나다군은 이 공로를 인정받아 미국 대통령 부대 표창

을 받으며 용맹함을 세계에 떨쳤단다.

캐나다 구축함들은 한반도 주변 해역에서 해상 봉쇄, 해안 포격, 보급선 보호 임무를 수행하

6.25전쟁에 활동한 캐나다 구축함 하이다(Haida)호

며 전쟁의 든든한 버팀목이 되어주었어. 이들의 활동은 북한군과 중공군의 해상 보급을 차단하고 유엔군이 작전을 지속할 수 있게 하는 핵심 동력이었지. 공군 또한 병력과 물자 수송을 전담하며 전쟁 수행에 필수적인 '보급'이라는 막중한 임무를 수행했어.

이처럼 캐나다는 육·해·공군의 통합 작전 능력을 통해 전쟁 전반에 걸쳐 실질적인 기여를 했단다. 이는 오늘날 다국적 연합작전의 초기 모델 중 하나로 평가받고 있어.

한국군과 미군을 이어주던 카투사(KATUSA)

1950년 8월 15일, 이승만 대통령과 맥아더 사령관의 합의로 만들어진 카투사(KATUSA: Korean Augmentation to the United States Army)는 미군을 돕는 한국군 부대야. 당시 유엔군의 가장 큰 문제는 통하지 않는 언어와 익숙치 않은 한반도 지형 문제였어. 북한 게릴라들이 피란민으로 위장해서 미군을 공격했는데, 우리 문화에 낯선 미군들은 누가 게릴라인지 구분할 수 없었지.

> **게릴라 (guerrilla)**
> 적의 배후나 측면에서 기습·교란·파괴 활동을 하는 특수부대나 함대 또는 비정규부대

카투사는 미8군에 증강된 한국군 육군 요원으로 한미연합 관련 임무를 수행한다냥!

카투사는 이런 문제들을 해결하는 역할을 했단다.

카투사는 인천상륙작전부터 본격적으로 참여했어. 인천 상륙부대인 미 7사단에서는 미군 한 명에 국군 한 명이 팀을 이루었지. 그렇게 43,660명의 카투사가 통역, 안내 등의 임무를 수행했고, 6·25전쟁에서 전사한 카투사만 7,000여 명이나 됐단다. 전쟁은 끝났지만 카투사는 지금도 미군과 함께 생활하면서 한미동맹을 이어주는 역할을 하고 있어.

6·25전쟁은 미국에서 한동안 '잊혀진 전쟁(Forgotten War)', '이기지 못한 전쟁'이라며 조롱을 받았지. 제2차 세계대전과 베트남전쟁 사이에서 그 희생과 의미가 제대로 알려지지 않았기 때문이야. 참전용사들조차 참전 사실을 감추고 살았어. 그런데 2022년 7월 27일, 워싱턴 D.C.에 '한국전쟁 추모의 벽(Wall of Remembrance)'이 세워지면서 그들의 명예가 조금이나마 회복됐지. 이 벽에는 6·25전쟁에서 희생된 미군 37,000여 명과 카투

6·25전쟁 당시 카투사 모습

미 워싱턴 D.C. 한국전쟁 참전용사 기념공원 추모의 벽에 새겨진 카투사를 포함한 한국전쟁 전사자들의 이름

사 7,000여 명의 이름이 새겨져 있어. 비록 한 줄의 이름이지만 거기에 담긴 그들의 희생은 결코 가볍지 않단다.

형산강에 피어난 애국의 불꽃, 연제근 상사

1950년 9월, 대한민국은 풍전등화의 위기에 처해 있었어. 북한군은 낙동강 방어선을 무섭게 몰아붙였고, 동해안의 전략적 요충지인 포항마저 위협받고 있었지. 당시 형산강은 단순한 강이 아니라, 나라의 운명을 가르는 최후의 저항선이었어. 만약 이 방어선이 뚫린다면 영일 비행장이 함락되고, 동부전선 전체가 무너질 수 있는 절박한 상황이었지.

그때 사단에서 내려진 명령은 단호했어. "형산강을 건널 수 있는 길을 확보하라." 하지만 강 건너편 제방에는 북한군의 기관총 진지가 철옹성처럼 버티고 있었지. 강을 건너려던 병사들은 적의 집중 사격에 추풍낙엽처럼 쓰러졌고, 형산강은 물결보다 차가운 총탄으로 가득 찼어. 누군가는 반드시 그 포화 속으로 뛰어들어야 했지만, 누구도 쉽게 나서지 못했지.

그때, 한 청년이 정적을 깨고 앞으로 나섰어. 바로 연제근 이등상사(당시 22세)였단다. 그는 18세에 자원입대하여 공비 소탕 작전에서 큰 공을 세웠던 용맹한 군인이었지.

1950년 9월 17일 새벽 4시, 연 상사는 12명의 결

연제근 상사 동상

사대를 조직했어. 그는 비장한 각오로 대원들에게 짧게 말했지. "이 작전은 돌아오기 위한 것이 아니다. 반드시 적의 진지를 부순다."

대원들은 가슴팍까지 차오르는 거센 강물을 가르며 전진했어. 어둠을 뚫고 적의 총탄이 빗발쳤고, 연 상사 역시 왼쪽 어깨에 총상을 입었지. 하지만 그는 멈추지 않았어. 고통을 참으며 적진 끝까지 기어 올라간 그는 수류탄을 투척해 적의 기관총 진지를 완전히 파괴했단다.

그의 활약으로 막혔던 전선이 뚫렸고, 국군은 포항 탈환은 물론 북진의 기틀을 마련할 수 있었어. 그러나 안타깝게도 연 상사와 12명의 대원 전원은 그 자리에서 장렬히 전사하고 말았지. 그들의 나이, 고작 스무 살 안팎이었어.

연제근 상사는 '살아 돌아오는 길' 대신 '모두를 살리는 길'을 선택했지. 정부는 그의 공훈을 기려 2계급 특진과 함께 을지무 공훈장을 수여했어. 현재 포항과 증평 등지에는 이들의 숭고한 넋을 기리는 동상이 세워져 있으며, 육군은 매년 가장 모범적인 부사관에게 '제근상'을 수여하며 그 정신을 이어가고 있단다.

10대 학도의용군, 나라를 지키다

재일교포 (在日僑胞)
일본에 정착하여 살고 있는 한국인

학도의용군(학도병)이라고 불리는 어린 학생들은 전쟁이 무엇인지, 총을 어떻게 쏘는지도 모른 채, 나라를 지키겠다는 마음 하나로 전쟁터로 달려나갔지. 일본에 살고 있던 재일교포 학

282

생들도 바다를 건너와 참전했어. 하지만 제대로 된 훈련을 받은 적이 없었기 때문에 정규군보다 더 큰 희생을 치렀지. 학생 3만 여 명이 참전했는데, 그중 7천여 명이 장렬히 전사하고 말았어. 전쟁 중에는 북한군에 끌려간 남한 출신 의용군과 남한군 학도병들이 서로 마주 보고 총부리를 겨누는 안타까운 일도 있었지.

자신보다 나라의 미래를 먼저 생각했던 학도병들은 전쟁 이후에도 많은 것을 포기하고 살아야 했어. 한창 공부해야 할 나이에 전쟁터에서 시간을 보냈기 때문이지. 이분들의 희생이 있었기에 지금의 우리가 있을 수 있는 거야. 우리가 이분들을 잊지 말아야 하는 이유란다.

전선으로 향하는
학도의용군

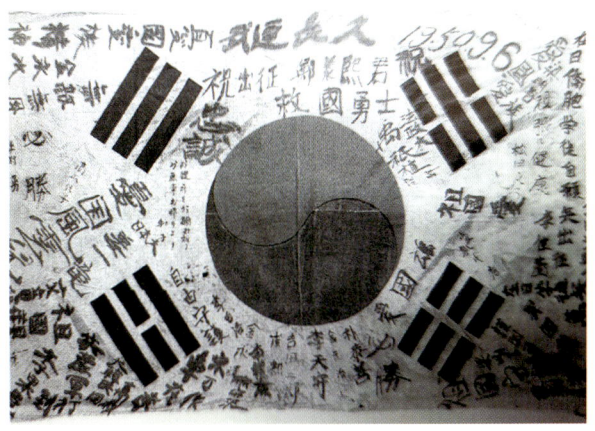

일본에서 참전한
재일교포 학도병들이 서명한 태극기

8월 10일 목요일, 쾌청.

어머니, 나는 사람을 죽였습니다.
그것도 돌담 하나를 사이에 두고. 10여 명은 될 것입니다.
나는 4명의 특공대원과 함께 수류탄이라는
무서운 폭발 무기를 던져 일순간에 죽이고 말았습니다.
다리가 떨어져 나가고 팔이 떨어져 나갔습니다.
너무나 가혹한 죽음이었습니다.
아무리 적이지만 그들도 사람이라고 생각하니,
더욱이 같은 언어와 같은 피를 나눈 동족이라고 생각하니
가슴이 답답하고 무겁습니다.

어머니, 전쟁은 왜 해야 하나요?
이 복잡하고 괴로운 심정을 어머님께 알려 드려야
제 마음이 가라앉을 것 같습니다. 무서운 생각이 듭니다.
지금 제 옆에서는 수많은 학우가 죽음을 기다리는 듯 적이
덤벼들 것을 기다리며 뜨거운 햇볕 아래 엎드려 있습니다.
적병은 너무나 많습니다. 우리는 겨우 71명입니다.
어머니, 어쩌면 오늘 죽을지도 모릅니다.

상추쌈이 먹고 싶습니다. 찬 옹달샘에서
이가 시리도록 차가운 냉수를 한없이 들이켜고 싶습니다.
아! 놈들이 다가오고 있습니다. 다시 또 쓰겠습니다.
어머니 안녕! 안녕! 아~ 안녕은 아닙니다.
다시 쓸 테니까요. ……그럼

어머니께 부치지 못한 편지
이 편지는 1950년 8월, 포항여중 앞 들판에서 전사한
동성중학교 3학년 이우근 학도병의 주머니 속에서 발견되었단다.

6·25전쟁의 숨은 영웅(Unsung Hero), 지게부대

전쟁에 직접 참여한 병사들 말고도 중요한 역할을 맡았던 사람들이 있어. 바로 땅을 파거나 짐을 나르는 등 막일을 했던 노무자들이었지. 전국 각지에서 모인 9만여 명이 식량과 무기를 등에 지고 산악지대까지 날랐어. 산을 내려올 때는 죽거나 다친 장병들을 지게에 태워 내려와 '지게부대'라는 별명을 얻었지. 지게를 생전 처음 본 미군은 알파벳 A자처럼 생겼다고 해서 'A Frame Army'라고 부르기도 했어.

지게부대에는 10대 소년부터 60대 노인까지 있었지만 30~40대 남자가 가장 많았지. 그들은 낙동강 전선 산악 지대의 전투와 백마고지 전투에서 승패를 가르는 중요한 역할을 했어. 겉으로 드러나지 않았지만 없어서는 안 될 소중한 전투 지원 병력이었지.

밴 플리트 : 한국 노무자들은 매일 10마일(16km) 정도 떨어진 지점
(미 8군 사령관) 에 있는 고지로 100파운드(45kg) 정도의 보급품을 운반하고 되돌아왔다. 만일 그들이 없었다면 최소한 10만 명 정도의 미군 병력을 추가로 파병해야 했을 것이다.

지게부대는 국군과 유엔군을 도와주었던 또 다른 영웅이란다. 그들에게 철모는커녕 군복도 없었어. 겨울에는 솜바지에 저고리, 여름에는 하얀 무명 바지 적삼을 입었지. 눈에 잘 띄는 복

언성 히어로
(unsung hero)
무명의 영웅, 제대로 조명받지 못한 영웅

노무자
(勞務者)
육체노동을 하여 그 임금으로 살아가는 사람.

무명 바지 적삼
승려가 입는 생활 한복 같이 생긴 옷

장 때문에 북한군의 집중 공격을 받기도 했어. 그렇게 맨몸으로 포탄과 총알이 빗발치는 전쟁터 한 가운데로 보급품을 전달했 단다.

이들은 무려 8,794명이 죽거나 다쳤지만 참전 사실이 증명되지 않는다는 이유로 국가유공자로 인정받지 못하고 있지. 이름도 없이, 빛도 없이 작고 낮은 자리에서 나라를 위해 묵묵히 희생하신 분(Unsung Hero)들을 잊지 않았으면 해.

총 없이 최전방을 맨 몸으로 누빈 지게부대

꽃다운 나이를 희생한 소녀 첩보원

6 · 25전쟁은 치열한 정보 싸움이기도 했어. 그런데 우리와 생김새가 전혀 다른 미군이 첩보 활동을 할 수는 없었기 때문에 한국인 첩보원을 훈련시켜 적진으로 보낼 수밖에 없었지. 주로 밤에, 보트나 항공기로 투입되다 보니 강도 높은 훈련을 받아야만 했어.

일반적으로 남자보다는 여자가 의심을 덜 받으니 여자 첩보원들이 큰 역할을 했지. 특히 순수한 어린 소녀들의 공이 컸어. 한 소녀는 중공군 중령에게 접근해 작전 지도나 비밀문서를 빼냈고, 이 정보를 이용해 중공군을 역습할 수 있었단다.

특히 17살이었던 민옥순은 대북 첩보 유격부대에서 3년 동안 첩보원으로 활약했어. 민간인 복장으로 위장하고 북한으로 들어가 인민군 부대의 규모와 위치, 이동사항 등을 수집했지. 들키지 않기 위해 수집한 정보를 치마에 적어서 위기를 넘기기

> **유격**
> (遊擊)
> 적지나 전열 밖에서 그때그때 형편에 따라 적을 기습적으로 공격하는 일

대북 첩보 유격부대인 제8240부대 대원들

도 했어. 또 다른 첩보원은 거지인 척 하거나 미친 척 속이면서 적군의 시선을 따돌리기도 했단다. 북한이 여자 첩보원 전문 수용소를 만들 정도였다고 하니 많은 여성들이 투입되었고 희생됐다는 걸 알 수 있겠지? 그런데 '군번 없는 군인'이었던 그녀들의 희생은 제대로 알려지지 않았어. 뒤늦게 그 공로가 인정된 숫자만 740명 정도야.

한 번의 실수가 바로 죽음으로 이어지는 위험한 일이었음에도 꽃다운 소녀들은 나라를 위해 목숨을 걸었지. 이렇듯 나라가 위험에 처하면 평화로운 삶은 멈추게 되는 거란다. 남녀노소 할 것 없이 누구에게든 해당되는 이야기야.

전쟁영웅이 된 말(馬), 레클리스

6·25전쟁 당시 총알이 빗발치는 전쟁터에서 탄약과 무기를 옮기는 임무를 훌륭히 수행한 <u>군마</u>가 있었어. 이 공로로 미 해병대 역사상 처음으로 인간이 아닌 말이 하사로 진급하는 일이 벌어졌지. 한국 제주도에서 태어난 '아침해'는 경주마가 되기 위해 길러지다가 전쟁이 터지자 미 해병대로 팔리게 됐어. 거친 지형을 뚫고 탄약을 나르던 탄약병을 대신해 수송용 군마가 필요했기 때문이야.

아침해는 1952년 미 해병대에 입대하여 제1사단 5연대 소속으로 참전했지. 아침해는 전쟁터에서 겁 없이 무모할 정도로 용감하고 영리했기에 미군 병사들은 '레클리스(Reckless, 무모한 자)'

군마
(軍馬)
전쟁에 쓰기 위한 말

라고 불렀어. 산악지대를 오르내리며 많은 물자와 부상병을 수송했지. 1953년 3월 말, 경기도 연천에서 벌어진 '네바다 전초 전투'에서는 혼자서 베가스 고지를 하루에 51차례 오르내리며, 56km나 되는 거리를 적의 총탄이 쏟아지는 가운데 탄약을 실어날랐단다. 이날 사용한 포탄의 95%인 5톤에 달하는 탄약을 혼자서 운반했던거야. 이런 레클리스의 모습을 본 군인들은 감동하여 사기가 올라 적을 모조리 무찌를 수 있었단다. 또 포탄을 나르다가 옆에서 이동 중인 동료 해병 4명의 방패막이가 되어주기도 해서 해병대 동료들은 레클리스가 다치지 않게 하려고 자신들의 방탄조끼를 벗어 입혀주기도 했어.

사람뿐만 아니라 말도 전쟁에서 큰 활약을 한 거다냥!

그렇게 레클리스는 미군 최초의 말 하사가 됐지. 레클리스는 퍼플하트 훈장과 미국 대통령 표창도 받았고 1997년에는 라이프지(Life Magazine)에서 미국 100대 영웅으로 뽑히기도 했어. 우리나라보다 미국에서 더 유명한 레클리스는 미국 해병대 박물관 등 여섯 곳에 동상이 세워졌고, 경기도 연천 고랑포구 역사공원과 제주도 렛츠런파크 제주에도 동상이 세워질 정도로 영웅 대접을 받고 있단다.

연천 역사공원에 있는 군마 레클리스 동상

퍼플하트 훈장 (Purple Heart 勳章)
복무 도중 전사했거나 다친 군인들에게 수여하는 '상이군인훈장'

위대한 헌신으로 이룬 놀라운 70년, 이제는 보훈!

보훈 외교, 당신들의 희생은 가치가 있었다!

보훈은 나라에 공을 세운 분들께 보답한다는 뜻이야. 그리고 보훈 외교는 6 · 25전쟁에 목숨을 바친 참전용사들에게 국가 차원으로 보답하는 것을 말해. 우리나라는 전쟁으로 나라가 파괴된 어려운 상황을 극복하고 '한강의 기적'을 이뤘어. 세계 10위권 경제 강국으로 당당히 일어섰지. 2000년대 초, 우리나라를 찾았던 한 필리핀 참전용사가 믿을 수 없다는 듯 눈을 비비면서 "아! 이건 기적이야. 여기가 정말 한국인가요? 정말 눈부시네요"라고 말할 정도였어.

멕시코 칸투 참전용사의 목에
꽃다발을 걸어주고 있는 육군인사사령관

튀르키예(터키) 참전용사에게
새 보금자리를 선물한 대한민국 정부
(2022.6.21.)

우리 정부는 벼랑 끝에 몰린 대한민국의 손을 잡아준 유엔군과 참전용사들의 희생에 보답하려고 노력하고 있단다. 1975년부터 2022년까지 22개국의 33,000명이 넘는 참전용사들과 가

유엔군 참전용사 초청행사

족을 우리나라로 초대했어. 그들이 도와준 덕분에 우리나라가 얼마나 잘 살게 됐는지 보여주며 감사의 마음을 전하고 있지. 또 '한국전쟁 추모의 벽'을 세우는데 필요한 300억 원을 지원했어. 아프리카 대륙에서 유일하게 참전했던 에티오피아 참전용사 후손들에게 장학금도 전달했고, 코로나 시기에는 전 세계 참전용사들에게 100만 장의 마스크를 보내기도 했지. 우리 정부는 기업, 민간단체 등과 협력해 튀르키예(터키)와 멕시코 참전용사들의 낡은 집을 고쳐주는 일도 하고 있단다.

고마운 마음을 전하는 사람들

6·25전쟁 참전용사들이 한 일을 기록하여 다음 세대에 전하는 일을 하고 있는 사람들도 있어. 미국 시러큐스대학교 정치학과 한종우 교수는 2006년부터 미군 참전용사들의 이야기를

보존하기 위해 애쓰고 있지. 참전용사들의 나이가 90세에 가까워지자 소중한 추억과 역사가 사라지는 것이 안타까웠던 거야. 낯선 땅에서 청춘을 바치고도 평생 고통을 겪고 있는 참전용사들의 기억을 기록하고 있어. 2011년에는 한국전 참전용사 디지털박물관 (www.kwvdm.org)까지 열었지.

사진 작가 '라미 현(본명 현효제)'도 2017년부터 전 세계에 있는 6 · 25 참전용사들을 찾아가 감사함을 전하고 그들의 모습을 남기고 있어. 2022년에는 미국 50개 주 55,000km를 다니면서 참전용사들을 찾아갔지. 그렇게 2025년 초까지 22개국 참전용사 2,500여 명의 사진을 찍어 액자에 넣어 전달해드리는 일을 하고 있어. 라미 작가는 액자 값이 얼마냐고 묻는 참전용사들에게 "69년 전에 이미 다 지불하셨습니다"라고 말한 것이 2021년 한 TV 프로그램을 통해 알려지면서 시청자의 가슴을 뭉클하게 했지. 그는 기록이 역사가 되며 다음 세대의 자부심이 된다는 믿음으로 지금도 참전용사들을 찾아다니고 있어. 그들을 인터뷰한 영상은 유튜브 채널 'Project Soldier KWV'에서 더 찾아볼

한미우호협회가 미국 5개 도시 주요 도로에 내건 감사 광고
"미국인들은 한국인의 자유를 지키기 위해 목숨을 바쳤습니다.
한국인들은 '미국, 감사합니다!'라고 말씀드립니다"

수 있단다.

오산시 스미스 평화관
에서 열린 라미 작가의
사진전(2023.5.)

뉴욕의 타임스퀘어
대형 전광판에 걸린
참전용사 추모 영상
국가보훈부가 2023년 정
전 70주년을 맞아 기획한
거란다.

가볼 만한 기념 장소

서울 용산 전쟁기념관

    1994년 6월, 많은 사람들에게 전쟁의 아픔과 교훈을 알리려는 목적으로 전쟁기념관이 설립되었어. 이곳에는 전쟁과 관련된 다양한 역사 자료들이 전시되어 있고, 아카이브 서비스를 통해서는 누구나 필요한 자료를 온라인으로 열람할 수 있지. '6·25전쟁 전시실'에는 전쟁이 왜 일어났는지, 어떻게 진행되었는지, 그리고 휴전에 이르기까지의 모든 자료가 이해하기 쉽게 정리되어 있어. '유엔 참전실'에는 역사상 처음으로 유엔의 깃발 아래 모인 유엔군의 활동을 소개하고 있지. 전쟁기념관 광장에는 참전국의 국기와 부대 깃발이 24시간 펄럭이고 있어. 서울 용산 전쟁기념관을 방문하면 해설사의 자세한 설명도 들을 수 있으니 한 번쯤 가보는 것도 좋을 것 같아.

> **아카이브**
> **(archive)**
> 역사적 가치 혹은 장기 보존의 가치를 지닌 기록이나 문서들을 수집해 모은 것을 의미하며, 동시에 이러한 기록이나 문서들을 보관하는 장소, 시설, 기관 등을 의미함

서울 전쟁기념관 전경

전쟁기념관 벽에 새겨진 유엔군 전사자 명단
국가별, 지역별로 명단이 기록되어 있어.

전쟁기념관 광장 중앙
조형물에 새겨져 있는 글귀

국군인 형이 북한군 동생을 껴안고 있는 형제의 상

쌍둥이 시계탑

전쟁기념관 입구에는 전쟁터에서 형과 동생이 극적으로 만난 이야기를 바탕으로 만든 동상이 있어. 국군이었던 형과 북한군이었던 동생이 형제인지도 모르고 서로를 향해 총구를 겨누었던 비극이 고스란히 담겨 있지. 형제의 상은 평화통일을 바라는 우리의 간절한 소망을 담은 작품이기도 해. 또 쌍둥이 시계

'형제의 상'
이야기는 영화
'태극기 휘날리며'의
소재가 되었다냥

탑은 전쟁과 평화를 한꺼번에 보여주고 있어. 한 소녀가 어깨에 메고 있는 평화의 시계는 현재 시간을, 그 옆 시계는 1950년 6월 25일 새벽 4시, 전쟁이 시작된 시간을 가리키고 있지. 통일이 되면 시곗바늘이 다시 돌게 되어있단다.

부산 유엔기념공원

부산 유엔기념공원에는 국적과 이름은 달라도 자유와 평화를 지키다가 희생된 2,300여 명의 용사가 잠들어 있어. 1951년 4월, 중공군의 대공세로 유엔군의 전사자가 늘어나자 유엔군 묘지가 만들어졌지. 이후 머나먼 타국에서, 피기도 전에 져버린 참전용사들의 희생을 기억하기 위해 '유엔기념공원'으로 이름을 바꾸고 기념관도 지었어. 기념관에는 그날의 비극을 어제 일처럼 생생하게 떠올릴 수 있도록 유품과 사진을 갖추었지.

한 영국군은 19살의 어린 나이에 전사한 동료를 이곳에 묻으며 다시 보러 오겠다고 약속했어. 그러고는 지난 25년간 30번 넘게 이곳을 방문하며 그 약속을 지켰지. 자신도 죽으면 동료 곁에 묻히겠다고 다짐했단다. 또 다른 한 군인은 결혼한 지 3주 만에 전쟁터로 가게 되었고, 결국 전사하고 말았어. 새신랑을 떠나보낸 아내의 마음은 어땠을까? 그 아내는 60여 년이 지나고 나서야 남편 곁에 묻힐 수 있었지. 유엔기념공원에는 전사자 11,000여 명이 묻혀 있었는데, 후에 가족이 찾아가거나 본국으로 옮겨져 현재는 2,300여 명의 전쟁영웅이 묻혀 있단다.

세계 유일의 유엔기념묘지인
유엔기념공원 전경

한 영국 참전용사가
유엔기념공원 전우 묘역을 참배하는 모습

매년 7월 27일에
부산 유엔기념공원에서
'유엔군 참전의 날' 행사를
실시, 유엔 참전용사의
희생을 지키고 있다냥~

한솔아, 한결아!
오랜만에 자유로를 달려 임진각에 가보았단다.

가깝지만 갈 수 없는 땅을 바라보며
할아버지가 오랜 시간 걸쳐 알게 된 이 사실들,
참혹했지만 꼭 알아야 하는 역사를
어떻게 하면 쉽게 전할 수 있을까?
참 많은 날들을 고민했단다.

할아버지는 너희가 전쟁의 잔인함과 상대에 대한
미움만을 가지기 원하는 것은 아니란다.
하지만 어떻게 왜 이런 일이 일어났고,
어떻게 싸워 이겼는지를 꼭 알려주고 싶었어.

잘못된 것을 제대로 알아야
같은 역사가 반복되지 않을 수 있거든.

그리고 너희가 살고 있는 이 대한민국이
어떤 희생으로 지켜졌는지 알 때,
이 나라를 더 사랑하고, 앞으로 잘 지켜나갈 수 있을 것이라 믿어.

우리 스스로 지킬 힘이 없으면 다른 나라에게 침략을 당하고,
도와줄 나라가 없으면
그 나라는 식민지가 되거나 소멸된다는 역사적 사실을 기억하자.

자유는 반드시 대가를 지불해야 해.
아픔은 상처를 남기지만, 그로 인해 배운 것들은 절대로 헛되지 않을 테니
딛고 일어선 그 자리에서 더 든든히
이 나라를 지켜주기를 바랄 뿐이란다.

- 광교산 산자락에서 할아버지가 -

알아두면 더 재미있는

군사 정보 🐾

국군 편성 및 주요 임무

구 분	부 호	비 고
육군	대한민국육군 Republic of Korea Army	목표 : 국가방위의 중심군 (전쟁억제 기여, 지상전 승리 등)
해군	대한민국해군 REPUBLIC OF KOREA NAVY	임무 : 전쟁억제, 해양통제 (전방위 상시 대비태세 유지 등)
공군	대한민국공군 REPUBLIC OF KOREA AIR FORCE	임무 : 항공작전, 교육훈련 (대한민국 정예우주공군)
해병대	대한민국 해병대 REPUBLIC OF KOREA MARINE CORPS	임무 : 상륙작전, 교육훈련 (핵심가치 : 충성, 명예, 도전)

육군 지휘체계

부 대	지휘관	편성
야전군	대장	2개 이상의 군단, 10만 명 병력
군단	중장	2개 이상의 사단/여단, 3만 명 병력
사단	소장	3개 보병연대와 포병연대 12,000-15,000명 병력
여단	준장	3-5개 대대
연대	대령	3-4개 대대, 3,000명 내외 병력
대대	중령	3-4개 중대, 600명 내외 병력
중대	대위	3-4개 소대, 150명 내외 병력
소대	소위	3개 분대, 40명 내외 병력
분대	병장	7-10명, 하사/병장이 지휘

군 계급과 계급장

병사 계급		
이등병		1946년 남조선 국방 경비대 창설시 병 계급은 2등(二等), 1등(一等) 개념으로 구분 된 것이 현재까지 이어지고 있음
일등병		
상등병		1962년 병계급이 4등급 체제로 바뀌면서 병 계급 중 상위 계급으로 상등(上等)병이라 함
병장		병사들 중에서 우두머리에 속하는 계급으로 우두머리의 장(長)이라 병장이라고 부름

부사관					준사관
하사	중사	상사	원사		준위

위관		
소위	중위	대위

영관		
소령	중령	대령

장성			
준장	소장	중장	대장

6·25전쟁 시 사용한 총기류

구 분	사 진	비 고
M1 카빈 소총		사거리 : 274m
M99 소총		사거리 : 656m
M1 소총		사거리 : 549m 미군 기본 소총
M3 기관단총		사거리 : 91m
M2 기관총		사거리 : 1,830m

6·25전쟁 시 사용한 대전차 무기

2.36인치 로켓포 (한국)

3.5인치 로켓포 (미국)

75mm 무반동총 (한국)

M1 57mm 대전차포 (미국)

M1942 45mm 대전차포 (북한)

6·25전쟁 시 유엔군 화포류

81mm 박격포 (미국)

105mm 대포 (미국)

155mm 견인포 (미국)

8인치 자주포 (미국)

6·25전쟁 시 공산군 화포류

모신나강 소총 (M91)

슈파긴 기관단총 (PPSH-41)

97식 곡사보병포 (중공)

76mm 곡사포 (M1942)

122mm 곡사포 (M-30)

6·25전쟁 시 사용한 전차

M4 셔먼 전차 (미국, 1950.8.)

M26 퍼싱 전차 (미국, 1950.8.)

M46 패튼 전차 (미국, 1952.7.)

T-34 전차 (소련)

6·25전쟁 시 사용한 전투기

F-51 머스탱 (미국)

F-82 트윈머스탱 (미국)

F-86 세이버 (미국)

MIG-15 (소련)

6·25전쟁 시 사용한 선박

에섹스급 항공모함 (미국)   커멘스먼트 베이급 호위항모 (미국)

유니콘급 경항모 (영국)   푸가스급 소해정 (소련)

깜짝 냥냥 퀴즈 정답!

103쪽 / 워커 장군	133쪽 / 10월 1일
147쪽 / 초산부대(6사단 7연대)	199쪽 / 용문산 전투

6·25전쟁 연표 🐾

1950

01.12	미국 애치슨 라인 선포
04.10	스탈린, 김일성의 남침전쟁 승인
	백두산함 진해항 도착
05.15	마오쩌둥, 김일성의 남침전쟁 동의
05.29	북한군, 남침 선제타격계획 완성
06.08	북한, 위장평화 공세(남북 동시선거) 전개
06.22	북한군, 전방사단에 전투명령 하달
06.24	국군 비상경계령 해제
06·25	북한군, 38도선 전역에서 기습남침
06.26	유엔 안보리 1차 결의안 가결(한국시각)
	침공 행위 중단, 38도선 이북 철수,
	대북 지원 자제 요청
06.27	미국 해·공군 참전
06.28	유엔 안보리 2차 군사지원 결의안 가결
	(한국시각, 한국에 대한 군사 원조 제공)
	한강교 폭파(02 : 30), 서울 피탈
06.29	미 제5공군 북폭, 평양 개시(B-29기)
06.30	미국, 지상군 투입 결정
07.01	미 제24사단 한국 전개(~07.04)
	영국 해군 참전
	호주 해·공군 참전
07.05	미 스미스부대(TF) 오산 죽미령에서 교전
07.07	유엔 안보리, 유엔군 사령부 창설 결의
07.14	미 제8군 사령부, 대구에 지휘소 개소
	한국군 작전통제권, 유엔사령관에게 위임
07.19	네덜란드 해군 참전
07.22	미군 제1기병사단, 영동 도착
07.24	유엔군 사령부 창설(일본 도쿄)
07.28	캐나다 공군 참전(해군 : 07.30 참전)
07.29	미 제8군사령관, 현 방어선 사수명령 하달
	프랑스 해군 참전
07.30	뉴질랜드 해군 참전
08.01	낙동강 방어선 전투(~09.14)
08.28	영국 지상군 참전
09.15	인천상륙작전 개시(미 제10군단)
09.19	필리핀 지상군 참전
09.28	유엔군, 서울 탈환
	호주 지상군 참전
	스웨덴 적십자병원 파견
10.01	국군 38도선 돌파(제3사단, 수도사단)
10.07	유엔 총회, 한반도 통일 위해 북진 결의
10.09	미 제1군단, 38도선 돌파
10.17	터키 지상군 참전
10.19	국군 제1,7사단 평양 입성
	중공군 불법 개입(압록강 도하)
10.20	숙천~순천에 공수작전 실시
10.24	유엔군 추수감사절 공세
10.25	중공군 1차 공세(~11.05)
10.26	국군 제6사단 압록강변(초산) 도달
11.05	남아프리카공화국 공군 참전
11.07	태국 지상군·해군 참전
11.10	유엔 참전국 공동성명 발표(중공군 철수 요구)
11.20	인도 제60야전병원 파견
11.23	네덜란드 지상군 참전
11 24	유엔군 크리스마스 공세
11.25	중공군 2차 공세(~12.03)
11.27	장진호 전투(~12.11)
11.29	프랑스 지상군 참전
12.01	그리스 공군 참전(지상군 : 12.09 참전)
12.04	유엔군 평양 철수
12.14	흥남 해상 철수(~12.24)
12.18	캐나다 지상군 참전
12.23	미 제8군사령관 워커 중장 전사
12.27	미 제8군사령관 취임(신임 리지웨이 중장)
12.31	중공군 3차(신정) 공세(~1951.01.08)
	뉴질랜드 지상군 참전

1951

01.04	유엔군 1·4후퇴(서울 철수)
01.07	유엔군 37도선(평택−삼척)까지 철수
01.15	유엔군 1차 반격(~02.11)
01.31	벨기에, 룩셈부르크 참전
02.11	중공군 4차(2월) 공세(~02.18))
02.15	지평리 전투, 중공군 격퇴(~02.19)
02.21	유엔군 2차 반격(~03.31)
03.07	덴마크 적십자병원선 파견
03.15	서울 재탈환
04.11	유엔군 사령관 교대(신임 리지웨이 대장)
04.14	미 8군사령관 취임(밴 플리트 중장)
04.22	중공군 5차 공세(~05.22)
05.06	에디오피아 지상군 참전
05.08	콜롬비아 해군 참전
05.20	유엔군 3차 반격(~06.15)
06.15	콜롬비아 지상군 참전
06.18	태국 공군 참전
06.22	노르웨이 이동외과병원(MASH) 파견
06.23	소련 유엔대표 휴전협상 제의
06.30	이승만 대통령, 휴전회담 반대 성명
07.10	휴전회담 개시(개성)
	이후 고지전 양상으로 변화
11.16	이탈리아 제68적십자병원 파견
12.02	백야전전투사령부, 공비토벌작전

1952

01.11	국군 승호리철교 폭파작전
02.18	거제도 포로수용소 폭동
05.07	포로수용소장 돗드 준장 포로에게 피랍
05.12	유엔군 사령관 교대(신임 클라크 대장)
10.06	백마고지 전투(~15)
12.02	미 아이젠하워 대통령 당선자 방한

1953

02.11	미 제8군 사령관 교대(신임 테일러 대장)
03.05	소련수상 스탈린 사망
04.11	상병포로교환 합의
06.08	휴전회담, 포로교환협정 조인
06.18	반공포로 석방
07.12	한·미 상호방위조약 체결 합의
07.27	정전협정 조인(10 : 00)/발효(22 : 00)
08.08	한·미 상호방위조약 가조인(서울)
10.01	한·미 상호방위조약 체결(워싱턴 D.C.)

날짜별 전쟁 경과

북한군 남침
(1950.6.25.)

낙동강 방어선
(~1950.9.15.)

유엔군 북진
(~1950.11.24.)

중공군 개입
(~1951.1.15.)

정전협정 조인
(1953.7.27.)

참고 문헌

구자룡, 『끝나지 않은 전쟁 6·25』 (서울: 화정평화재단, 2023)

국방군사연구소, 『한국전쟁 상』 (서울: 국방군사연구소, 1995)

국방부, 『6·25전쟁 지원국 현황 연구』 (서울: 국방부 군사편찬연구소, 2012)

군사편찬연구소, 『국군과 대한민국 발전』 (서울: 국방부 군사편찬연구소, 2015)

군사편찬연구소, 『6·25전쟁사 1~11권』 (서울: 국방부 군사편찬연구소, 2004~2013)

군사편찬연구소, 『6·25전쟁 여군 참전사』 (서울: 국방부 군사편찬연구소, 2012)

군사편찬연구소, 『6·25전쟁과 이승만 대통령』 (서울: 국방부 군사편찬연구소, 2011)

군사편찬연구소, 『알아봅시다! 6·25전쟁사』 (서울: 국방부 군사편찬연구소, 2008)

군사편찬연구소, 『국군과 대한민국 발전』 (서울: 국방부 군사편찬연구소, 2015)

군사편찬연구소, 『중공군의 참전과 유엔군의 철수』 (서울: 국방부 군사편찬연구소, 2010)

군사편찬연구소, 『한국전쟁사의 새로운 연구(I, II)』 (서울: 국방부 군사편찬연구소, 2001)

군사편찬연구소, 『한미동맹 60년사』 (서울: 국방부 군사편찬연구소, 2013)

길광준, 『사진으로 읽는 한국전쟁』 (서울: 예영 커뮤니케이션, 2008)

남정옥, 『백선엽』 (서울: 백년동안, 2015)

남정옥, 『밴 플리트, 대한민국의 영원한 동반자』 (서울: 백년동안, 2015)

데이빗 쑤이 저, 한국전략문제연구소 역, 『중국의 6·25전쟁 참전』 (서울: 한국전략문제연구소, 2011)

박동찬, 『통계로 본 6·25전쟁』 (서울: 국방부 군사편찬연구소, 2014)

박상재, 『영웅 레클리스』 (서울: 봄봄출판사, 2023)

박태균, 『한국전쟁』 (서울: 책과 함께, 2005)

백선엽, 『군과 나』 (서울: 시대정신, 2009)

백선엽, 『내가 물러서면 나를 쏴라』 (서울: 중앙일보, 2010)

백선엽, 『백선엽의 6·25전쟁 징비록1』 (서울: 책밭, 2016)

백선엽, 『백선엽 장군 6·25전쟁 기록사진집』 (서울: 선양사, 2000)

백야전전투사령부, 『백(白)야전부대 전투상보』 (서울: 육군군사연구소, 2021)

보병 제6사단, 『청성 투혼사』 (보병 제6사단, 1993)

안병훈, 『건국 대통령 이승만의 생애』 (서울: 기파랑, 2015)

안재철, 『생명의 항해』 (서울: 월드피스자유연합, 2015)

와다 하루키, 『와다 하루키의 한국전쟁 전사』 (청과출판사, 2023)

웨더스비 캐스린 외, 『한국전쟁의 거짓말: 스탈린, 마오쩌둥, 김일성의 불편한 동맹』 (서울: 채륜, 2018)

유광종, 『백선엽을 말한다』 (서울: 책밭, 2020)

육군군사연구소, 『1129일간의 전쟁 6·25』 (육군본부, 2014)

육군군사연구소, 『6·25전쟁의 실패사례와 교훈』 (육군본부, 2013)

육군군사연구소, 『중국인민지원군 征戰記實(정전기실)』 (육군본부, 2014)

육군군사연구소, 『중공군 공세 의지를 꺾은 현리-한계 전투』 (육군본부, 2009)

육군군사연구소, 『춘천-홍천지구 방어전투』 (육군본부, 2012)

육군군사연구소, 『한국전쟁의 재조명』 (육군본부, 1993)

육군대학, 『6·25전쟁사 부도』 (육군대학, 2007)

육군대학, 『6·25전쟁 다하지 못한 이야기들』 (육군대학, 2011)

육군본부전사감실, 『공비토벌사』 (서울: 육군본부, 1954)

육군본부, 『밀물과 썰물』 (육군본부, 1992)

육군본부, 『중공군이 경험한 6 · 25전쟁』 (육군본부, 2009)

육군본부, 『포병과 6 · 25전쟁 증언록』 (육군본부, 2012)

육군본부, 『한국전쟁사료: 전투상보 제6사단(제53권)』 (육군본부, 1987)

육군사관학교, 『한국전쟁사 부도』 (서울: 육군사관학교, 1978)

육군협회, 『우리가 겪은 6 · 25전쟁』 (육군협회, 2012)

이호, 『하나님의 기적 대한민국 건국 1, 2』 (서울: 자유인의 숲, 2018)

이희진, 『한국전쟁사』 (서울: 살림, 2017)

전사편찬위원회, 『다부동지구 전투』 (국방부 전사편찬위원회, 1986)

전사편찬위원회, 『백마고지 전투』 (국방부 전사편찬위원회, 1984)

전사편찬위원회, 『장진호 전투』 (서울: 국방부 전사편찬위원회, 1981)

전사편찬위원회, 『저격능선 전투』 (서울: 국방부 전사편찬위원회, 1989)

전사편찬위원회, 『현리전투: 중공군 오월공세』 (서울: 국방부 전사편찬위원회, 1988)

정일권, 『전쟁과 휴전: 6 · 25비록』 (서울: 동아일보사, 1986)

정명복, 『잊을 수 없는 생생 6 · 25전쟁사』 (지문당, 2014)

정일화, 『아는 것과 다른 맥아더의 한국전쟁』 (미래한국신문, 2007)

정현채, 『엄마가 들려주는 이승만 건국대통령 이야기』 (서울: 도서출판 보담, 2020)

중국 군사과학원 군사역사연구부, 한국전략문제연구소 역, 『중공군의 한국전쟁사』(원제: 中國人民抗志願軍 抗美援朝戰史) (서울, 세경사, 1991)

중국 군사과학원 군사역사연구부, 박동구 역, 『중국군의 한국전쟁사 2』 (서울: 국방부 군사편찬연구소, 2005)

채수정, 『하늘의 별이 되어』 (서울: 도서출판 한생명, 2022)

프란체스카, 『프란체스카의 난중일기』 (서울: 기파랑, 2010)

하이와라 료, 『한국전쟁–김일성과 스탈린의 음모』 (서울: 한국논단, 1995)

하이와라 료, 『한국전쟁–김일성의 집념과 좌절』 (서울: 한국논단, 1997)

합동군사대학, 『6 · 25전쟁사』 (합동군사대학, 2013)

합동참모본부, 『한국전사』 (서울: 합동참모본부, 1984)

홍학지, 『중국이 본 한국전쟁』 (서울: 고려원, 1992)

황인희, 『6 · 25가 뭐예요?』 (서울: 도서출판 물망초, 2020)

Appleman, Roy E., *South to the Naktong to the Yalu: June-November*, (Washington D.C. 1986)

Mossman, Billy, *Ebb and Flow: November 1950-July 1951*, (Washington D.C.: Center of Military History USA, 1990)

Blair, Clay, *The Forgotten War: America in Korea 1950-1953*, (Annapolis: Naval Institute Press, 2003)

Giangreco, D. M., *War in Korea 1950-1953*, (Kansas City: Presidio Press, 1990)

Halberstam, David, 정윤미 · 이은진 역, *The Coldest Winter: America and the Korean War*(콜디스트 윈터), (살림출판사, 2009)

Edward L. Rowny, *Edited by Anne Kazel-Wilcox, An American Soldier's SAGA of the Korean War*, (Washington D.C.: Vitoria Valentine, 2013)

Eighth United States Army Korea HQs, Command Report, Section I: Narrative, (Eighth USA, 1951)

Fehrenbach, T. R., 최필영 · 윤상용 역, *This Kind of War*(이런 전쟁), (플래닛미디어, 2019)

Higgins, Marguerite, *War in Korea: The Report of a Woman Combat Correspondent*, (Doubleday: 1951)

Martin Russ, 임상균 역, *Breakout*(브레이크 아웃: 1950년 겨울 장진호 전투), (나남출판, 2004)

Max Hastings, *The Korean War*, (Simon & Schuster Inc., 1987)

Paik, Sun Yup, *From Pusan to Panmunjom* (Washington D.C.: Potomac Books, INC, 2007)

The Chief of Military History, *KOREA 1950*, (Department of the Army, 1952)

松 俊夫, 『寫眞集 朝鮮戰爭』 (도쿄, 방위대학교, 1978)

사진 출처

[1장]

25 (사진으로 보는)6·25전쟁과 이승만 대통령 / 29 전쟁기념관 / 31 NARA 미국국립문서기록관리청 / 33 통일부 공식 블로그 / 34 청춘별리 / 35 전쟁기념관 / 38 사진집 조선전쟁 / 42 존 리치 / 43 조선전쟁, 김일성이 일으킨 6·25전쟁 / 51 장삼열 / 57 해군역사기록관리단 / 59 해군역사기록관리단 / 60 해군역사기록관리단 / 61 해군역사기록관리단

[2장]

65 나무위키 / 70 NARA / 72 NARA, 6·25전쟁과 이승만 대통령 / 75 조선전쟁, 전쟁기념관 / 76 군사편찬연구소 / 79 화령장 전투 전승기념관 / 80 군사편찬연구소 / 83 KOREA 1950 / 86 NARA / 88 NARA, 조선전쟁 / 89 6·25전쟁과 이승만 대통령 / 91 전쟁기념관 / 92 장삼열 / 93 이승만 대통령 사진집 / 94 육군군사연구소 / 95 포항여고 / 96 해군군사연구소 / 98 NARA / 102 국립경주박물관, 국립중앙박물관

[3장]

109 군사편찬연구소 / 110 김일성이 일으킨 6·25전쟁 / 112 전쟁기념관 / 113 영덕군 / 114 전쟁기념관 / 117 전쟁기념관 / 118 전쟁기념관 / 119 NARA / 120 Max Desfor / 121 전쟁기념관, 군사연구소 / 122 조선전쟁 / 123 전쟁기념관 / 126 장삼열, 조선전쟁 / 127 조선전쟁 / 132 육군군사연구소 / 133 전쟁기념관, 베트만 / 134 NARA / 135 NARA / 137 전쟁기념관 / 138 장삼열 / 139 조선일보 / 140 육군군사연구소 / 141 육군기록정보단 / 142 제8사단전투상보 / 143 육군기록정보단 / 145 Raymond K. Cunningham. Jr. / 146 김일성이 일으킨 6·25전쟁 / 147 NARA

[4장]

151 조선닷컴 / 153 조선전쟁, NARA / 157 육군군사연구소 / 158 David Ducan / 159 유엔평화기념관 / 162 KOREA 1950 / 163 주한미군 / 165 David Ducan / 167 유엔평화기념관 / 168 NARA / 171 전쟁기념관 / 173 전쟁기념관 / 175 NARA / 177 NARA / 178 NARA, 조선전쟁 / 181 나무위키 / 182 군사연구소 / 189 NARA / 193 나무위키, 제6보병사단 / 195 유튜브 영국남자 / 197 강원도민일보 / 198 군사편찬연구소

[5장]

202 군사편찬연구소 / 204 조선전쟁 / 206 육군군사연구소 / 207 육군군사연구소, 육군 / 208 육군군사연구소 / 209 육군군사연구소 / 210 장삼열 / 213 군사편찬연구소 / 215 김일성이 일으킨 6·25전쟁, NARA / 216 NARA / 217 NARA / 219 NARA, 군사편찬연구소 / 220 김일성이 일으킨 6.25전쟁 / 221 NARA / 223 6·25전쟁과 이승만 대통령 / 226 NARA / 227 군사편찬연구소 / 228 이춘근 / 229 통일부 공식 블로그 / 230 조선전쟁, 행정자치부 / 231 Ronald H. Hancock, 조선전쟁 / 232 전쟁기념관 / 233 전쟁기념관 / 234 중앙일보(2023.3.14.) / 235 국방부 유해발굴단

[6장]

244 NARA / 246 전쟁기념관 / 247 전쟁기념관, 드레이크 / 249 주미 한국대사관 / 252 장삼열 / 253 육군군사연구소 / 254 장삼열 / 255 육군군사연구소 / 256 NARA / 258 NARA / 260 맥아더 기념관 / 261 NARA / 262 NARA / 263 공군 / 265 CLIFFORD L. STROVERS, 유엔평화기념관 / 266 위트컴 희망재단, 육군군사연구소 / 267 백선엽 장군 기념사업회 / 269 국가보훈부 / 271 가평고, 가이사기념관 / 272 한국전쟁 맹방국 용사 선양사업회, 가평고 / 273 한미동맹재단, 웨버 대령 / 274 레이건 대통령 도서관 / 275 에티오피아 한국전 참전기념관 / 277 장삼열 / 278 장삼열 / 279 Balcer / 280 전쟁기념관, 장삼열 / 281 왜관지구전적기념관 / 284 조선전쟁 / 287 군사편찬연구소 / 289 연천 고랑포구역사공원 / 290 육군, 주이스탄불 대한민국 총영사관 / 291 국가보훈부 / 292 한미우호협회 / 293 정현채, 국가보훈부 / 294 전쟁기념관 / 295 장삼열, 정현채 / 297 유엔기념공원, 국가보훈부

* 이 책에 사용된 사진은 해당 사진을 보유하고 있는 단체와 저작권자의 허락을 받아 게재한 것입니다.
* 사진을 제공해 주시고 게재를 허락해 주신 분들께 감사드립니다.
* 일부 저작권자를 찾지 못한 사진에 대해서는 확인되는 대로 허락을 받고,
  출판사 통상 기준에 따라 사용료를 지불하겠습니다.

할아버지가 들려주는 6·25전쟁 이야기 개정증보판

개정증보판 1쇄 발행일 2026년 4월 21일

지은이 장삼열
펴낸이 김샛별
감 수 김재창
편 집 정현채, 한경진, 최설록, 유승희, 고지수, 박새미
그 림 모두스 스튜디오, 김샛별, 이주경
디자인 샛별디자인
총 판 하늘유통

펴낸곳 도서출판 보담
등 록 제 2020-000009호
주 소 서울시 도봉구 노해로 42길 66
이메일 bodam8291@gmail.com
인스타그램 instagram.com/bodam8291
페이스북 facebook.com/bodam8291
유튜브 https://www.youtube.com/c/도서출판보담

© 도서출판 보담
  이 책의 저작권은 도서출판 보담이 소유합니다.
  파본 및 잘못된 책은 구입처에서 교환해 드립니다.

책 값 뒤표지에 있습니다.
ISBN 979-11-970730-6-9(03910)

도서
출판 **보담**

'보담'은 '보배를 담다'의 줄임말로, 한자는 보배 보(寶), 말씀 담(談)을 씁니다.
보배로운 말씀 또는 보석같은 말씀이라는 뜻이 되지요.

도서출판 보담은 질그릇 안에 보배로 오신 예수님과 동행하며 보배로운 말씀으로 다음 세대를 깨우고,
예수님만을 기쁘게 해드리는 곳이 되길 원합니다.

고린도후서 4:7
우리가 이 보배를 질그릇에 가졌으니 이는 능력의 심히 큰 것이 하나님께 있고 우리에게 있지 아니함을 알게 하려 함이라